3〜100店チェーン企業のための

儲かる「個店力最大化」のすすめ方

—人時売上倍増の実務と多店舗展開の成功戦略—

伊藤稔 著 Minoru Ito
チェーン経営コンサルタント

3～100店チェーン企業のための

儲かる「個店力最大化」のすすめ方

―人時売上倍増の実務と多店舗展開の成功戦略―

伊藤稔 著 Minoru Ito
チェーン経営コンサルタント

エベレスト出版

はじめに

本書は、「今より儲かるチェーン展開を実現したい」とか、「ライバル企業から抜きんで大きく成長したい」、「ジリ貧状態を脱して、収益のあがる体質に変えたい」…といったことを、本気で望む経営者のために書きました。

最大の特徴は、「チェーン経営のための、人時《にんじ》生産性を上げる仕組み」を解き明かした点です。これは、チェーン経営にとって最も重要な、「個店の収益力を上げる店舗の作り方、それを多店舗展開していく具体戦略」の根幹を成すものです。平たく言えば、「**一つ一つのお店の稼ぐ力を最大化させながら、それをチェーン店の力として束ねて、大きく儲かるようにしていくやり方**」ということです。

これまで、「チェーン経営のための店舗運営法」や、その仕組みの違いについて、くわしく専門的に解説された書はほぼ皆無でした。小売・サービス業としてひとまとめにされ、多店舗展開している「チェーン経営の特性」を見ることなく、お店はお店、単に店舗数が多いだけの違いとして語られてきたのが原因です。

そのため、「新店・改装」「チラシ販促強化」「演出強化」「コトＰＯＰ」「ポイントカード」「プライベートブランド」…といった、販促レベルの話か、発注量にモノを言わした原価削減的な話、もっと言えば、一時的に収入があがりそうな話…ばかりが、それこそ個人経営のお店レベルと一緒くたに、皆同じように語られてきました。

いわゆる、「目玉商品を用意して、チラシを打って…」といった類が、その代表例ですが、チェーン経営の特性や立ち位置の違いを理解せずに、単に販促と集客拡大策を信じてやっていけば、これからの時代、成長どころか、停滞・衰退の危機に陥りかねません。少なくともジリ貧の正体が分からない限り、もがき続けることになります。

詳しくは本書で解説していますが、同じように見えるチェーン店でも、各企業、各店が持つ特性によって、それぞれの成功方法は変ってきます。重要なことは、「各個店ごと、標準体で儲かるようにする」ことです。本書は、この点について、多くの経営者が陥りがちなミスを例示しながら、具体的な取り組み方を提示しています。

なお本書では、個店力を最大化させるための具体手法として、販促強化、現場改善、マーチャンダイジング、マーケティング…といった、他の書籍などでよく目にするような話は一切出てきません。その代り、チェーン本部や各店舗が培ってきた知識やノウハウを上手に活かし、「人時生産性と対顧客店舗コンディション力」を引き上げ、この先10年、20年と成長発展させていく具体戦略を示しています。

本書は、「チェーン店の経営者」のための書籍ですが、人時生産性を使い、成功させていく手順を明確にしたことで、数十から数百店を展開しているチェーン企業の関係者はもちろん、量販店、各種専門店、飲食、サービス業…などで、数店舗から数十店舗を経営している企業、さらには、これからお店を増やしていこうと考えている意欲的な個人経営の社長、さらには、成長するチェーン企業を支えるサプライヤーや株主…といった方々にも、ご参考にしていただける点は多いと思います。

チェーン企業が、チェーンという経営の強みを本気で活かして大きな成長を実現していただくために、本来強みと弱みが相反するところを、メリットを最大化させながらデメリットを可能な限り抑えこんだ手法が、この「チェーンの個店力最大化」です。

成功への道筋が本当に見えにくい時代のチェーン経営にあって、本書が、山中の険路を照らしだす、松明のような役割を担えれば…と心より願っています。

2018年7月

株式会社レイブンコンサルティング
代表取締役　伊藤　稔

もくじ

第4章　強固なチェーンを築く、5つの改革ポイント

第５章　人時を新たな成長に活かす応用戦略

第6章　個店力最大化で実現する長期繁栄への道

序

個店力最大化こそ
チェーン最強の武器

1、儲かるチェーンをつくるために必要なこと

97％のチェーンがやり方を間違えて苦戦している

本書は、ありそうでなかったチェーン経営の本です。数十から数百店を展開している、チェーン企業の関係者はもちろん、量販店、各種専門店、飲食、サービス業などで、数店舗から数十店舗を経営している企業、さらには、お店を増やして何店舗にもしていきたいと考えている個人経営のお店…を対象に、その具体的な実務と戦略について書きおろした、専門の書です。

本書の最大の特徴は、「各個店の力を引き出しながら、チェーン店の総合力を最大化させる仕組みづくり」の具体ノウハウを提示している点です。

これは部分的な対策が書かれた他の担当者向けの類書とは違い、あくまでも経営者が、「どのようにしてチェーン全体として稼ぐ力を高めていくのか」、ということを、戦略的な実務手法として解き明かしていることがポイントです。

さて、なぜこのような本を書いたか…ですが、前職は総合スーパーの西友に30年間勤めていました。現場に15年、さらに社長室、店舗統括といった意思決定部門に15年以上関わ

りました。特に後半は、バブル崩壊後の経営再建の中、02年に米国ウォルマートと提携を経て傘下に入りましたが、その提携のときから黒字転換するまでの間、期せずして370店舗の統括担当者なりました。いわば、赤字体質を脱却して黒字体質に変えていく、その最前線における指揮官を担うことになったのです。

ご存知のとおり、ウォルマートは世界最大級の企業で、「業務改革」で20年以上成長し続けているグローバル企業です。私はそうした業務改革の経験が豊富な幹部との関わりが多く、「企業が成長し続けていくためには、業務改革の担い手こそが絶対条件」と痛感してきたことから、より多くの日本のチェーン企業の成長発展のために、お世話になった会社に御暇をいただき、コンサルティング業を始めたのです。

さてそれはさておき、まずは皆さんに質問です。

「儲かるチェーン店」と聞いて、どういったことを思い浮かべられるでしょうか？
チェーン店で儲かるようになるためには何を実施すべきだと思いますか？

・きめ細かく売り場を作っている
・チラシ販促が上手で、大量に出している
・試食コーナーなど商品提案に力を入れている

・季節演出が優れている
・日替わり商品、目玉商品が激安で目を引いている
・ＰＯＰが賑やかで商品ＰＲが目だっている
・ボリューム陳列が定期的にされている
・販売コンクールナンバーワンなった売り場がある
・流行の商品をいち早く取り入れている
・プライベートブランドに力を入れている
・店舗施設が新しい
・店舗規模が大きい
・店舗数が多い
・コスト引き下げのための物流センターをつくっている…

などなど、様々なお考えが出てくるでしょう。なるほど、どれも有効な施策に思えるものばかりです。

しかし、いきなりで恐縮ですが、残念ながら「儲かるチェーン店になる」ということに関して言えば、すべて直接的には関係ないと断言します。事実、多くの会社がこういった

ことを妄信して実施していますが、大多数が「利益を減らすお手伝い」になっているというのが偽らざる現実です。

一般的に信じられている、これらの表面的なことは、儲かるチェーン経営となることとは全く無関係で、むしろ、儲かっているチェーンほど、表から見えるところは何もしていません。ですから、中には「えっ、このお店が本当に儲かっているの？」と思ってしまうようなチェーン企業もあります。

もう一つ言えることがあります。儲かっているチェーン企業は、経営数値の分析や競合店対策、マーケティング対策…といったことについてもあまり時間をかけません。表から見えることはなにもしない、経営数値の分析や目の前の競合店対策もやらない。いったい何を行っているのか？と思われる方も多いかもしれません。

ここで、まずご判断いただきたいことがあります。それは、あなたの企業が、

「日々、標準体で利益を出していける体制を望む」のか、

「日々、特殊なことを行いながら、博打的に利益を出すことを望む」

のか…ということです。

数店舗の会社とチェーン企業の違い

私はこれまで、北は北海道から南は九州まで数多くの、チェーン企業のお手伝いをしてきました。その中で、企業を標準体で利益が出せる体質に変えていく際、とくに重要視してることがあります。

ちなみに、「標準体」とは、日々の企業の通常の営みのことです。特にキャンペーンやら感謝祭などをせずに、毎日の普通の経営で、しっかり利益を出していけるかどうか…ということです。

例えば、日替わり商品を激安でやったり、チラシや演出に力を入れていたり、ポイントカードを導入したり…ということは、売上をつくることにはなるものの、それに連動して、「コストも確実に増える」という現実があります。実は、一時的なモルヒネ効果にしかなっていないケースが大半なのです。

冷静に考えてみていただきたいのですが、日替わり商品、演出、ポイントカード…といったことは、売上アップに欠かせないと思われがちですが、「そのコストの負担をしているのは、すべて店側」である点です。

売上アップといえば聞こえはいいですが、それは棚にルーティンで陳列している「定番の売れている商品の恩恵」があってのことです。それ以上に手間暇をかけた分まで、取り戻せているかどうか分からないままの経営になっていないか？　ということです。

ここはじっくり考えてほしい点です。大多数の社長さんが、「販促コストが増えるから売上アップ策を止めるなんて、話にならない！」と、感情的な拒否反応が出る最初の関門だからです。

しかし、あえて問います。本当にそうですか？と。先に、「標準体で利益が出る体制」を望むかどうか…を伺ったのは、まさにこのポイントに直結するからです。

開業してまだ間もない数店といった場合には、「何もしなければ即、危機に直面する」というくらいに、お店の認知度もなく、固定客も少なければ企業の体力も少なく、大量販売によるコスト効果…などもほとんど見込めません。言葉は悪いですが、「しっかり生きていける規模になるまで、あの手この手を繰り出し、必死に動きまわるしかない」というのが本当のところだからです。

一方、店齢を重ねた店舗が増えれば、今日明日困るということはほとんどないハズです。上を見ればキリがありませんが、苦しいと言いながらもそれなりの体力があり、「組織として経営、販売を行っている」状態になっているハズです。

私が申しあげているのは、この「ある程度の組織力で売る体制」になっている企業において、「開業して間もない時のレベルのやり方を、妄信して続けるおつもりですか？」ということです。その最たる例が、日替わり商品、演出、ポイントカード…といったもの、ということなのです。

その本質的な違いとは、売上アップのためには、どんな複雑なことでも何でも行っていく「足し算型」経営になっているということです。この方が、「売上をあげる＝何かする」とイメージしやすい上、さらに言えば、零細企業にありがちな「人手がかかる」ということに対する「コスト意識がほぼ皆無」という点が挙げられます。要するに、「社員を余計に働かせようが何をさせようが、それは給料はらっているんだからタダ（一緒）だろう」という、旧態依然の発想がその根本原因です。

残念ながら、日本の小売・サービス業の生産性が、他の業界に比べてかなり劣っているのは、こうした理由が非常に大きいと考えています。事実、大多数の小売業がこうした「足し算型」の方法を未だ盲目的に行い、過剰な施策にコストばかりかかって「儲からない」と、苦戦している訳です。

一方で、業務の簡素化で、利益に結びつかないことは極力取りやめていく「引き算型」の経営という手法があります。施策は表に見えない部分が大半なため、なかなか知られることもなければ実施している企業も少数派です。このため、ここが分かることで、優位な状況で戦うことができます。

ただし、利益にならないことを取りやめただけでは、大手チェーンにありがちな、殺風景で画一的な、つまらない店になっていきます。かといって、これまでにようにチラシを大量投入し、大量陳列して飾り付けて…を、店ごとバラバラに人海戦術でやり続ければ、当然チェーンでやっていく意味がありません。

やるべきことは、コストのかかっている業務を「人時《にんじ》」という指標を用いながら洗い出して効率化を行い、利益が出せる筋肉質の体制をつくっていきます。そして、必要な時に必要な分だけ、いつでも最適に買ってもらえる店づくりを行います。

後述しますが、これを「対顧客の店舗コンディション力」と言います。これを高めることで店の力を底上げします。さらには、業務効率化で生まれてきた余力を活用し、店舗ごとにコンシェルジュを配置していくといった、お客様に買い物の際、一番最初に思い浮べてもらえるお店になることも実践していくことになります。

個店を研ぎ澄ます力と、チェーンとしての組織力。このふたつの相反することを現実的なものにしていくのが、伊藤式の人時戦略をベースとしたチェーン戦略ですが、この独自の強みを継続的に発揮し続ける仕組みを、私は「個店力最大化」と名づけ、多くの企業に指導しているのです。

よく勘違いされるのですが、個店力最大化とは「見た目がすごい」とか「特別な売り方」

とか「提案型」…といった、単なる外見的なものとは全く違います。また、「地域で一番」とか「どこよりも安い」といったマーケティング的な発想とも全く別のモノです。そのチェーン企業が、1店1店ごと標準体で収益をあげながら、チェーンの組織力をいかして、特に他社を意識することなく独自の路線で成長発展を続ける状態、これこそが、個店力最大化と呼べるものです。

そういう意味で、「表面的に見えることはあまりやらない」と申し上げましたが、むしろ私は、「表層的で無理のある売場づくりは、場合によっては邪魔になる」とさえ考えています。理由は簡単です。「**儲からない作業に時間をかければかけるほど、儲けるために必要なことをやる時間がなくなる**」からです。

批判を恐れずに申し上げれば、そもそも多くのお客様にとってみれば、欲しくない商品の多量陳列や、目立つだけの売場に、ほとんど興味も関心もありません。ところが、時間をかけて作った売場と、それが利益につながったかを把握する仕組みを大多数の企業が持っていないため、ひたすら経費が投入されているのです。

これに気づかず、チラシ投入を毎週行えば、儲からないことにお金をつぎ込むことを、年間52回も繰り返すことになります。もし、あなたが社長であれば、この段階で大きなハンデを抱えたことが、おわかりになるでしょうか？

2、社長の決断で儲かるチェーンに変革する

儲かるチェーンになるとはどういうことか

前職の「西友」では、かなり自由な社風と裁量権を与えられていたこともあって、ビジネスにとって重要な「仮説と検証」を実践しやすかったという環境がありました。

まず10店舗ぐらいで仮説を立ててテストを繰り返し、よい結果が確認できれば370の店で展開すればどうなるかを予測、展開を図ります。もちろん、その結果を確認することもできました。私は幸運にも、そういった業務に長く関われたことで、多くのプロジェクトで「利益を出す組み合わせ」を発見することができたのです。

これが、私のチェーン企業をご指導する原動力になっていることは間違いない事実です。すべて現場で実証実験してきた経験があるからこそ、強くお伝えできることがあるのです。例えば「儲かる企業になると何が変わるか」などもそうです。

国内のGMSやスーパーマーケットが苦戦する中、西友は黒字転換後も連続増益を続け、その他の国内小売りチェーンと一線を画すようになりました。

長い間、赤字体質であった企業が、ある日突然黒字になって連続増益になると、社内の

様子は一変します。

軌道に乗り始めると、幹部社員は予算達成のための執行計画をキチンとつくるようになります。社員が年次有給休暇をとるようになったり、夏休みと冬休みはそれぞれ二週間、社長から担当者まで、全員がとります。

店長は朝8時半に入り18時にはあがります。業績賞与がありますので、店長で年収一千万円近くもらう人もいます。アルバイトでレジ打ちをしていた人が、店長や本部の部長になった人も数多くいます。

当然ながら、こうしたことは何も西友だけの話ではありません。コンサルティングで関わった会社、守秘義務上、名前は出せないので「A社」といたしますが、関東近郊で十数店舗、生鮮品をメインにチェーン展開しているこのA社は、まさにこの素晴らしい会社への階段をいま登っている会社です。

地方にありがちな高齢化と人口減少により、A社は、数年前まで赤字にこそ免れていましたが、先行き不透明で経常利益率1%がやっとという状態でした。環境的には非常に厳しいものがありましたが、「標準体で収益があがるための業務改革」を行っていった結果、わずかな期間で大きな成果があがり始めたのです。

A社の社長からは「先生、おかげさまで経常利益が1・8%に上がりました。来期は3%

を目指します。もう予算入力しました、あとはやるだけです。」と、満面の笑顔で話してくれました。

このA社も最初からすべてが上手くいったわけではありません。人が集まらない、特に惣菜や寿司、レジ、こういった部門はどこも慢性的な人手不足の状態でした。「欠員補充なしで半年やってる」とか、「以前は10人体制だったけど、今は6人でやらざるをえない」とか、そんな不満だらけの実にギスギスした状態でした。

最初は正直、頭を抱えるような状態に、一刻も早く効果が出て欲しいと、こちらが祈るような想いでしたが、そんな憂いも懐かしい思い出となりました。運営部長いわく、「先生、今回取り組む中で、一人当たり人時生産性は2割向上し、人手不足も改善されてきました」と明るく答えてくれるようになったのです。

ここで終われば普通に良い話なのですが、さらに続きがありました。「先生、ちょっと問題がありまして…」というのです。何事かと思って少々ドキッとしたのですが、「実は、人が余ってしまってるんです…」との言葉が…。えっ、本当ですか？と確認しましたが、間違いないとのこと。

このA社はかつて、1割の人手不足状態だったたのですが、業務改革が2割進んだことで、逆に人手が1割余るという嬉しい状態になったのです。これは、まさに改革が進んでいる証拠です。「心配せずに進めてください」と運営部長の背中をポンと押して、業革をさらに進めていただくことにしました。それは、次の狙いがあったからです。

A社の社長は、10店舗改革が進んだところで、1つ新店を出したいという想いがあり、その余力を既存店の業革によって生み出すという戦略を立てていました。そのため、「既存店で経常利益率3％超えを目指す」と闘志を燃やされていたのです。

このA社でのお手伝いにおいては、よくある売上や客数、坪売りや坪差益、支持率…といった指標などは使っていません。代わりに、人件費を「人時」という指標に置き換え、生産性を上げていく、戦略人時手法を使っています。

「人時」……、ニンジと読むのですが、これは、一人が一時間でこなせる作業量を意味し、戦略ニンジ手法とは、従来の乱暴なコストカット目的の人員管理法ではなく、各店の**利益に結びつかない仕事に張り付いている人員を、利益に結びつく業務に再配分**し、生産性を高めていく手法を指します。

戦略的に人時《にんじ》を使う、ということを申し上げましたが、このA社の場合、人時そのものを使ったことがなく、まったくのゼロからの出発でした。

現場はといいますと、欠員があっても人をいれてもらえないので不満だらけ。店長は朝6時半から夜9時過ぎまでの勤務が当たり前で、本当に疲れ切った状態。かたや人事部は、具体的にどこで人が足りないのか、と店舗にたずねても「抜けた分だけ入れてほしい」といった答えが繰り返されることに懸念を感じていたのです。

そういった中、唯一、救いがあったのは、社長が良く店舗の巡回をし、パートナーさん達の話を聞いていたことです。

ある店舗のパートナーさんからは「社長、何をやれば自分たちの時給は上がるのですか？うちには、作業指示書のような物は無いのですか？」と質問され、その場でグッと言葉に詰まったそうです。

また、別の店舗でも、「作業効率の悪いやり方をやってるのに、その分長く働けばお金がもらえるのはおかしい」と言われてこれまた言葉に窮したとのこと。色々と悩まれる中、ウェブで当社を見つけて、セミナーにお見えになった訳です。

セミナーの日は、初夏といえども大変暑い日で、クールビスが定着したこのご時世に、それでも、スーツにネクタイ姿、一番前の席で真剣にノートを取られていた姿が、とても印象的でした。休憩時間に、そっと演台に歩みよられ、「先生、ウチの店舗を見てほしいのですが…」と小声で相談され、その場でお会いする日程を決めました。そして数週間後、改革プロジェクトを本格開始させることになったのです。

自社にも必ず出来る個店力最大化

業務改革を行いながら、各店ごと標準体で利益を出せるようにし、チェーンの組織力を活かして成長発展をさせていく…。なにやらそうした方向性があるらしい…ということはご理解いただけたでしょうか。

そうは言っても、業務改革一つとっても、「生産性がなかなか上がらないから困ってるんじゃないか」とか、「他社を参考にしないで、独自の店舗づくりなんてウチではとても…」という声が聞こえてきそうです。

まず、安心いただきたいのは、多くのチェーン店にとって個店力最大化は必ず実践できるということです。

たしかに、簡単なことではありませんし、その後の努力も必要です。一店舗で出来れば、後は簡単に展開できて儲かっていく…というほど甘くもありません。多店舗に展開していくためにはノウハウの汎用化といった別の革新実務が必須だからです。

しかし、5年、10年と会社を成長させ続けていきたいと、固く決意されている経営者であれば、これは困難と呼ぶには容易過ぎるレベルに違いありません。

業務改革は、基本戦略をしっかり押さえ、確実に遂行していくことで、必ず実現できることです。何より有利なことは、「莫大な経費をかけてリスクを取る」話ではなく、「無駄な経費を上手に削りながら、自然体で儲かるように変えていく」話だという点です。「狙って利益をだせるようになる」ため、本当の意味で積極的な経営者であればあるほど、取り組むべき施策だと考えています。

ただし、ここでご注意いただきたいことは、表面だけかじって要領よくやろうとすれば、後に手痛いしっぺ返しを食らってしまう危険があるということです。

例えば、ひとつのパターンができたら、それを真似すればとか、そのデータを他で使い回していけば、といった発想のことですが、これをやってしまうと、多店化していく段階で、再び立ち往生に陥ります。

理由は簡単で、同じチェーン内の店であっても、「各店の立ち位置の把握」や「各店の個性」をしっかり理解していなければ、表面的なパターンによる展開では型にはめ込むがごとく、ムリを強要することになるからです。チェーン企業で成長が止まるのは、このワンパターン展開を進めようとするケースが多いのですが、鋳型にはめることは決してチェーン企業にとって得策でもなければ本質でもありません。

簡単に言えば、脚の速い人の走り方をマネて「同じように速く走れ」と言っても、全員が速く走れることは絶対にないのと一緒です。「本質を押さえながらも一人一人に応じた練習方法」を共有するなど、汎用化と工夫が何と言っても重要となってくるのです。

大切なことは、「貴社には、個店ごとの好事例を、応用を効かせ、全店舗に広げようとしている戦略的な計画が、いくつありますか?」ということです。

キーポイントは、「店の力を知り、それを高める手順を組織的に作り上げていく」という点であり、「汎用化と再現への変換」が肝となってきます。こうして生み出されたノウハウには、企業独自の特徴が色濃く反映されるため、他社にマネされにくいという利点が内包されることになります。

本書を手にされた方は、これまで長年、チェーン経営を実施されてきた方も多く、既にいろいろな取り組みをされ、良いものはすぐ取り入れ、拡げてこられた熱意ある方々だと思います。

そこには、深い経験に加え、様々な知恵や培われてきた無形ノウハウ…などがが数多くあるものです。これらを儲かるチェーンの独自ノウハウとし、個店力最大化として変換していくのです。

実際、私が関わった多くの経営者の方も、最初は、ゼロからの出発を決意して取り組まれた方ばかりです。ゼロからの出発ですが、途中から自社で培ったノウハウが大いに活かせる段階に入り、大いに加速し、成長発展につなげていくことができます。

これらは特殊な例でもなければ一部の企業にだけできるという話でもありません。貴社にも必ず実践できることなのです。

これから、実際の展開をご説明していきますので、ぜひ自社に置き換えて読み進めてみてください。必ずや貴社にとって必要なヒントが見つかると思います。

第1章

儲かるチェーンをつくる基本戦略

1、赤字体質から脱するために必要なこと

ドン底からの出発

これから、チェーン企業のための業務改革について、私の前職時代を例に、その実務と展開策を順を追ってご説明していきます。10年近くという長期の改革を時系列的にご説明できることと、直接自分が実務に関わっていたため、重要なポイントについてニュアンスも含めて詳細にお伝えできるからです。

業務改革とは、部分部分では、決して成果を上げることが出来ません。言ってしまえば、業務改革が失敗に終わる圧倒的多数の原因は、まさにこの「一貫性」が欠如していたり、把握できていないために部分最適に終始している…ことがあげられます。最も重要なことは、「全体を通した取り組みの理解」ということです。

まず改めて前職の企業「西友」についてですが、グループ総売上はざっと1兆数千億円にのぼり、百社以上のグループ会社の基幹となる会社でした。

私はその本体となる会社で、３７０ある店舗の現場も、それらを統括する本部での指揮

も経験してきた訳ですが、本部と各店舗との間には地区を統括する部門などがあり、正直なところ、意思疎通も風通しも非常に悪い状態でした。

いつの時代も、本部も店舗も、経費がカツカツで什器一つ買うのに依頼書、稟議書といった手続きに時間がかかり、その決裁が下りないことがほとんど。下りても1年越しという遅さで、申請した本人が在籍中にやるべきことができないという有様で、組織が肥大化した悪い例の見本のような状態だった訳です。

ちなみに今、全国各地のお会社にお手伝いで伺っていますが、さすがにここまで酷い例は少ないにしても、大なり小なり、似たような問題を抱えているのを目の当たりにする度、一刻も早く業革を推進しなくては…と、心から思うのは、自分が同じ経験をしてきたからに他なりません。

西友は、ある子会社の破たんがきっかけとなり、グループの経営危機が明るみになりました。ひたすら売上拡大を追っていたため、新店やグループ会社を増やし続けていたのですが、それらが赤字の増大を招いていたのです。

その穴埋めに本業からのお金が回されていましたが、一度空いた穴は大きく広がりはじめ、グループ内の優良企業であったファミリーマートや良品計画など、虎の子とも言える子会社を次々に売却しても埋めきれず、銀行の債権放棄支援をうけ、最終的には米国ウォルマートの傘下に入ることで一命をとりとめたというのが西友です。

その間、常にギリギリのところで、「明日は破たん？」という日々が続きました。これら一連の出来事は、本業以外に手を広げ、売上拡大を追ってしまったことが主な原因ですが、不思議なもので、試行錯誤を繰り返す中で、最終的には小売り以外の関連企業はすべて清算し、本業一本に回帰したことが復活の鍵となったのです。

すべてを失ってみて初めて、その企業がドメインとして何をすべきなのかが見えてくることはたくさんありますが、ただし、一度ここまで行ってしまうと、その後すぐに復活するというほど話は簡単ではなく、染みついてしまった「赤字体質」の改善には、実に多くの時間を要したのです。

人間でいえば成人病です。治すためには体質改善が必要で、日々の生活習慣から変えていかなければなりません。悪い体質というのは、身体の隅々にまで流れている血液の状態も悪く、これにより細胞や内臓が変調をきたしているのです。

企業も同じです。企業における細胞や内臓とは、一人ひとりの業務や部門が良くない状態であり、流れている情報も悪いため、これらを良くする体質改善が必須ということです。体質改善と同様、日常業務の改善が必要ということです。

西友が、その後時間をかけて少しずつ回復していった理由のひとつに、「役立つ情報を取り入れる習慣」、「互いを褒め称え尊重するカルチャー」、「無駄な業務をしない仕組み」、「仕事だけに偏重しないバランス感覚」…といったことを、グローバル視点で各国の先進企業から学んだことがあげられます。

小売業に限らず、このように一つ一つ、物事を考え抜く企業というのは、業務の目的と内容がシンプルに整備されていくので、社長は「どこに経営資源を集中すべきか」即座に決断できるようになり、優位に戦えるようになっていきます。

「それは、大手企業だから出来るのでは？」といった声を時折聞くことがあるのですが、むしろ、先に申し上げたとおり、この時点での西友は肥大化した組織の典型的な悪い状態であり、さらに繰り返し行われたリストラによって人材は枯渇し、銀行管理下という資金力ゼロというよりマイナスといった惨憺たる状態でした。

つまり、資本力とか人材ではなく、あくまでも社長の意思により、業務改革を断行して企業体質を変えていったということです。

だからこそ、経営者の皆さんには、自社の報われる成長発展のために、できるだけ早く、業務改革を推し進めていってほしいのです。早ければ早いだけ、状態が良ければそれだけ、儲かる体質をつくりやすくなります。いま赤字の会社は短期間の黒字化を、収益があがっている企業はより一層、強い成長を実現することができます。

目を覆いたくなるような悪条件店の実態

西友の再建は、社長はじめ役員すべてが新体制となってスタートしました。ウォルマートとは、グループ関連企業の売却や精算、リストラを繰り返すこと5年、ようやく提携に漕ぎつけたのですが、その間、損失を埋めるべく巨額な資金が必要であったことから、各店舗には、まさに「乾いたタオルを絞る」ような、徹底したコストカットの指示が発令されていました。

私は、このころ、秘書室長から念願であった店長に着任した直後でした。現場がなにより好きだったからですが、喜びを味わうのもつかの間、10年ぶりに戻ることになった指定の店舗は、想像以上に荒れた果てた状況でした。

朝の品出しは昼近くのピークタイムになっても終わらない。午後に店着する商品は人がいなくて夕方のピークに間に合わない。レジでは、精算待ちのお客様の列が途切れることがない…といった、これほど店舗コンディションの悪いスーパーは、最近見たことがないというぐらい悲惨な状況でした。

特にレジはひどく、価格間違えが頻繁に発生していて、夕方になると苦情の電話が殺到し、それに怯える社員は誰も電話をとろうとしない。こんな目を覆いたくなるような光景がそこにはありました。とにもかくにも、人の採用は本部から厳重にストップされていたため、店舗ではそれにひたすら耐え続けるしかありませんでした。

ちなみにこの店はスーパーとしては小さな３００坪で、店齢42年という古さ。三階建なのにエレベーターもエスカレーターもなく、しかも、メイン通路はじめ店内各所に段差があり、補充頻度の高い牛乳や豆腐も、手押し台車で遠回りしないと売場まで辿りつけず、普通のお店の何倍もの時間を要するという悪条件ぶりでした。

倉庫はと言うと、雨が降るとブルーシートを被せなくてはならない屋上の倉庫と、公道を挟んだ別棟の二箇所に分かれていて、こちらも築40年以上。その昔、農工具を保管していたバラック建ての物を、そのまま流用したものでした。

皆さん、想像つきますか？　バックヤードには、香港映画のマフィアのアジトのワンシーンに出てきそうな、ジャバラ式の扉がついた荷物専用の昇降機があって、台車を乗せたらボタンを押して、人はその脇にある階段を駆け登り、上の階で荷物を引き出し、受け取ったら再び階段を駆け下りていく。この作業を毎日何回も繰り返すわけです。店舗の従業員にとっては、大変ハードな職場環境であったと思います。

そういった職場環境の影響からか、従業員同士の争いごとが絶えず、言い争いが頻繁に起こっていました。当然ですが、そのような不機嫌な職場には、新規のアルバイトも寄り付かないことから、恒常的な人手不足が続いていたのです。

私は、このようなお店の指揮を任されたのですが、正直、お先真っ暗に感じたのを昨日のことのように覚えています。そしてもう一つ、このお店には非常に過酷な条件がありました。それは、お店に課せられたノルマというべき、対前年比の数字目標でした。

なぜこれが過酷かと言えば、後に、「店舗の状態構図」のところで詳しくご説明しますが、この店は立地には恵まれたいわゆる「ドル箱店」であったため、売上数字は他店と比較して既に非常に高く、ほとんど限界と考えられるレベルにあったからです。

しかし、本部からは、「もっと売上を伸ばして経費を削って、利益を出せ」という全店に対する一律の号令しかありませんでした。そうでなくても、来店客数の割りには人手が足りずに苦情が多発している状況。利益はしっかり出ていても、それは他店の赤字補填のために、「もっと上納しなさい」とばかりに、対前年比の数値目標でとんでもなく高いハードルを要求されていたからです。

これには、さすがに困ったのですが、弱音を吐いても仕方がありません。とにかく前向きに店長の仕事を行っていこう、と決意を決めたのですが、後から考えれば、このありえないような条件こそが、危機突破の様々な策につながっていったのです。

疲弊しきった店舗に必要だったこととは

日々お客様の苦情や従業員間のトラブルに翻弄される中、着任一カ月後に届いた手紙は、「労働基準監督署からの招集通知」という、まさに想定外のものでした。

内容は、「昨年度、貴事業所で労災事故の発生件数が年間20件以上発生しており、これにともない、労働災害危険事業所に認定する」という実にありがたくないもの。そこには、毎月の不定期立ち入り検査と、二カ月に一回の行政の改善講習をうけること、といったことが記載されていました。

今となっては本当にお恥ずかしい話ですが、当初、忙しいところにさらに検査となれば大混乱必至なので、本部に「なんとかうまい具合に回避する方法はないものか？」と相談をしました。ところが、「これまでにそういった前例がないので、とにかく貴方が指導を受けて、反対にそれをフィードバックしてほしい」という、これまた想定外の返答に覚悟を決めざるを得なくなったのです。

ある意味しょうがなく、私が前面的に対応することになったのですが、このことは実に大きな収穫をもたらすことになりました。

労基署による初回の指導は、店長として労働衛生管理者の資格を取ることでした。私はそういった資格も持たずに店長になったのですが、そこには店長が行動すべき、労働基準法の全てが書かれていました。

近年、日本もようやく、長時間労働や従業員の健康管理…などが社会問題化されていますが、私も、こうした労災多発店舗の改善実務を通して捉えなければ、単に資格を形式的にとって、なにも問題視しないまま店長をやっていたと思います。

検査は月に一度、労働基準監督署の指導員が不定期に来て、危険場所の点検を半日かけて回り、次月までに改善を完了させていきます。また、残業実態や勤務管理表のチェックも一緒になって直接指導を受けたのは、後にも先にも社内では私一人だけのようで、実に多くの気づきを得ることになりました。

考えてみれば、こういったことは、毎日やっていてもその目的を明らかにしたやり方は、一度も教わったことがなかったのです。そこを改善するだけでも、店舗の士気や作業効率が変わってくるだけでなく、その企業の根本的な課題も見抜くことが出来るということを、身をもって体験することになったからです。

3回目の抜き打ち検査の時、指摘されたことは「店内に20か所以上もある段差の改修」でした。会社が再建中である旨を説明し、一ヵ月以内の改修は難しいと相談したところ、労災事故を未然に防ぐための働きやすい環境づくりは企業の義務ですので、「行政指導書」を社長あてに出します、という言葉が返ってきました。実に厳しい言葉のようですが、実は、これは私の立場を配慮してくれたものでした。

というのは、今までのやり方を踏襲すれば、本部と調整をして予算承認をとって…と、前述のとおり1年とか気が遠くなるほど時間が掛かるからです。当然、店舗の改善は先送りされ、その間、労災事故が起きるかもしれません。

せっかく上向いてきた社員やパートナーさんの士気、さらには小さな改善の積み重ね…などが一瞬で失われるかもしれないのです。これを避けるには、直接社長あてに「労働基準監督署長からの行政指導書」の送付が有効と判断してくれた訳です。

経営判断としても行政指導なら即動くしかなかったのでしょう。果たせるかな、数週間後、本部の責任者が来店し、全て緊急改修工事をすることになりました。

段差改修だけでなく、分煙のための喫煙室の設置、老朽化したストック棚や台車の一新、厨房の空調のメンテナンス、社員用和式トイレの洋式化改修…など、これまで、改装や備品修繕では絶対に承認されないようなことまで、全ての改修工事がわずか2か月で完了したのです。

これに驚いたのは社員やパートナーさんです。これまで改装と言えば、売場レイアウトや冷蔵ケースが変わることはあっても、こういった後方部分については、一度も改修工事がされたことがなかったからです。

これを機に、店内の空気は大きく変わっていくことになりました。社員休憩室に、工事現場によく掲げられている「安・全・第・一」の大型表示をとりつけ、「労災事故0件、連続○○日達成！」と日めくり式の表示も掲げて、朝礼時には「昨日も、皆様のご協力のおかげで、労災事故を防ぐことが出来ました、ありがとうございました」と店長として、日々の無事故を店舗の従業員に向け「言葉」にして称賛していきました。

一人一人が生産性の高い業務を行うためには、お互い称賛しあう場が必要であり、あわせて皆が気持ちよく働ける環境づくりは、何よりも優先すべきことです。これこそが、リアル店舗にしかできない、強みを磨く仕組みづくりだと実感できた時でした。

こうした中で、全社的な「ワークルール違反問題」が発覚したのは、そのわずか半年後でした。いわゆる「サービス残業の隠蔽」です。

当時、残業をコントロールする仕組みがなく、タイムカードも個人任せで、ちゃんと打刻しない人も数多くいました。このため、まずはタイムカードの打刻を全員が行うことを目標にしていたのですが、退社の打刻をした後、戻って作業をする人がいたり、早朝出勤してもその時は打刻せず、自分のシフト時間になってから打刻して…といった、いわゆるサービス残業が各店で暗黙の了解で進められていたのです。

読者の中には、愛社精神にあふれる行動…とお考えの人もいるかもしれませんが、これは労働基準法に抵触するため、ただちに正さないと、企業名公表やいわゆるブラック企業として大打撃をこうむることになります。

当時は、労基署の抜き打ち検査を受けているまっ最中ですから、まさに待ったなしです。サービス残業をチェックするために本部がとった行動は、「違反には懲罰を適用する」という本気の対策でした。

労働組合の担当者を、タイムレコーダーの前に張り込ませ、もし売場に戻ってサービス残業した者がいれば現行犯でとり押さえるというもの。この事実を元に、店長を減給や降格させるという厳しい処分を断行していったのです。

これに怯えた店長達は「仕事が終わらなくてもいいから帰れ」という異様な指示を出す事態が起きたほどです。しかし、このことも、後ほど進めていく「人時生産性」の向上を目指す業務改革において、正しい数値が把握ができる礎となりました。

サービス残業が横行していたり、隠蔽されている状態では、人時生産性を正確に計測することができず、あやふやなまま全店に広げれば大変なことになってしまいます。業務改革を進める上でも、やはりサービス残業は悪なのです。

一方で、行政指導を直接受けていた私の店舗は、着任前にさかのぼり勤怠結果が明らかに不自然であるとの指摘を受けました。個人面接を実施し、残業代未払いの事実を確認し、その分を支払う算段を進めていました。未払い金は私の店舗だけでも数百万円というかなりの金額になることが分かりましたが、すべて当期内で精算する手続きも進めました。

会社全体がそういった不穏な空気の中、ウォルマートとの提携実現に関わった日本人のK社長が、私の店に突然現れ、眉間にしわを寄せながら「どの店長も、残業代に関して、私に本当のことを言わなくなってしまった。君の店ではどうやってるのか教えてくれないか？」と、訪ねて来たのです。

現状、店舗では、行政指導を受けながら、それに基づいて職場環境改善をやってる旨を伝え、その具体的な内容を伝えるとともに、そうした改善にかかる費用と残業代の未払い処理をするため利益計画が下振れする…といったことも併せて伝えると、K社長は「ありがとう」といって私の手を強く握り、店をあとにしました。

翌日、全店の店長あてに緊急メールが流れてきました。内容は、昨日K社長に伝えたとおりの手順が示されていて、併せてそれに伴う処罰は行わないとの主旨が書かれていました。私の取り組みが本部に正式につながっていった瞬間でした。

こういったひとつひとつのハードルをクリアしていくことが、作業指示書を正しく運用するベースになることに、企業として気づいたのはさらにその数年後でした。

２、店舗の仕組みを変えていく

店舗のコスト管理の仕組みづくり

良い企業体質をつくるには、そのための環境づくりがまず必要となります。そして業務改革を進めていくためには、企業の中を流れる情報をキレイにしなくてはならないという、もう一つの課題があります。

情報をキレイにするとは、まず「本部が余計な情報を作らない」ことから始まります。例えば人件費の情報です。従来、店舗では商品勘定は分かるものの、人件費などは本部でしか捉えることができず、そのデータが本部から送られてくる月末時点では、すでに手遅れで何も手が打てない状況にありました。

ウォルマートとのシステム統合で大きく変わったことは、本部が情報加工する工程がなくなり、**店が必要としている情報は、店で自動出力され、店で実務活用できる**ようになった点です。

重要なポイントは、「もし、本部がデータを分析したい場合は、店舗へ行って出力された情報を見なければならない」という点です。言いかえれば、社長と言えども、店舗の情報は店舗に行かなくては分からないことから、本部の経営幹部も、これを機に店舗を訪れる機会が、増えるようになっていきました。

これは、チェーンストア経営理論の、「店を中心に考える」という原則に基づいています。お客様にお買い上げいただき利益を稼ぐのは店舗ですから、店舗が一番これに対応しやすいカタチで運営し、それを支援するのが本部の役割ということです。

その代り、店舗は、自分たちの仕事がしやすくなるように、本部にこういうふうに改善してほしいと依頼を出す「リクエスト部門」として、日々改善項目を探す役割を担います。店舗はアンテナを張って提案を続けることで、自発的に考える力を育成していくように変っていくことになります。

これまでは、「本部の言う通りに店は動く」という考えで運営されてきたわけですから、180度の転換です。

その象徴的なものに、新聞折り込みチラシがありました。前年をベースに企画と紙面づくりは本部が継続的に行っていましたが、チラシ投入によって動く金額が、個店の収支でどうであったかということについては、誰も疑問をいだかないまま、販促費の一部として固定化されていたのです。

本部中心に考えると、「本部で決めたチラシ企画だから個店で変えるわけにはいかない」

となるわけですが、店舗を中心に考えた場合、チラシは店舗作業が増えるだけで、利益が上がっていない事実が分かれば「不必要」と全く逆の判断がでてきます。

人件費もしかりで、前年をベースに社員の頭数で予算付けされ、残りでパートアルバイトを雇い、その範囲でやりくりするという完全固定費型となっていたため、店舗では実質的に何も変えることができなかったのです。

この二つに共通していることは、**宣伝部や人事部といった、「部門レベルの視点」で、多額の資金の使い道が決定されていた**ということです。

チラシの場合、どうしても売上を上げることを考えるため、チラシの配布数の拡大や、目玉商品を用意して利益が少なくても大量販売を目指すといった、「余計な手間をかけて売上をとる」ことになりがちです。このため、各店はますます利益が削られるという悪循環が起きるのです。

こういった非効率なことを是正し、店舗中心の経営に変えていくため、優秀な店舗から人材を本部に呼び寄せ、店長が見るべき帳票、マネジャーが確認すべきデータ、その保管方法…といった基準となるルールづくりが行われました。これにより、とてもシンプルな店舗運営方法を確立していったのです。

店舗の外観は全く変わりませんが、中身はＩＴ武装化されたチェーン企業に生まれ変わったのはこの時期です。

店長は、店の売り場を歩きながら、商品の在庫確認はもちろん、発注や決済までできる小型端末を駆使し、店舗の利益をコントロールしていきます。

店長は販売管理経費項目の指標を見ながら判断していくのですが、それらは店長が見るべき帳票として、日々更新され、紙ベースで出力される仕組みです。その中の一つに、最も重要な指標「人時売上」があるのです。

導入当初は、出てきた数値が高いのか低いのか基準が分からず、手探り状態でスタートしたこともあり、全370店舗で使いこなし、効果を出すのに7年もの歳月がかかりました。他にも理由があります。

この「人時売上」を取り扱うのが、本部の業務改革部門だったのですが、当時ウォルマートグループ内で最も人時管理の進んでいた、英アズダ社を手本に「人時システム」を導入したものの、使い方は教わっても、店舗の現場で、どう活用していけばいいのか…については確立された手法がなく、自分達で生み出すしかない状態だったのです。

さらにやっかいだったのは、人時売上を推進しようとする本部の業務改革部と、間に位置する、従来のやり方にこだわる地区部長とが対立したため、末端の店舗には、人時生産性改善に関する情報がなかなか流れなかったことです。

一度は破綻とまで言われ、やっと復活の道が見えてきても、内部の対立によりなかなか動けない状態が何年も続いていたのです。硬直した組織の怖さです。

一方で私の店舗は、他店とは状況が少し違いました。はからずも労基署の検査がきっかけとなり、業務改善が少しずつ前に進んでいました。しかし、足を止めれば全てが後戻りしかねない…という非常に緊張した状態にありました。

なにせ、元が労基署に睨まれるような店だったのですから、店舗のポテンシャルが本当に酷かったのです。このため、本部からの援助を得るために、「当店を実験店として提供します」と、本部の業務改革部へ申し出をしたのが次への足掛かりとなりました。このことが、ベースとなる一店舗をつくることにつながっていったのです。

本部の援助を得ることはできましたが、「業務項目の棚卸」や、「追跡調査に要する時間や人数」、「作業指示書を使った運用に、どのくらいの時間を要するか」、「店舗に落とし込んでいくのに何が必要で、何がいらないか」…など、実験店の負担も膨大でした。

しかし、そこで培ったことは、後に、数百倍の利益結果をもたらし、抵抗勢力を同志に変えて、日常の標準体で利益がでる基盤づくりだったのです。

業務改革を進めるために、まず店長がすべきこと

提携直後のどん底のとき、店長として就任した築42年の店舗は、表面的な改装の形跡はあったものの、バラック建ての店外の倉庫は42年前のものがそのまま使われていたという話は前述したとおりです。

特に、古い和式トイレへの苦情が多く、タイルは黒く染みつき臭いも強烈でした。お客様から「この店のトイレが臭いからなんとかして」と投書が何度もあったのですが、改修どころか、経費も削られたままで、特別清掃すらまともにできない状態でした。電気代も節約で売場は薄暗く、プライスカードが見えなかったり、壁がはがれ落ちていても改修もできませんでした。

これほど酷い店舗ということなら、「利益が出ていない」のかと言えばそうではありません。先にお伝えしたとおり、このお店はドル箱店であり、このような酷い状態でも店舗利益率は4％以上しっかり出していました。しかし、会社が赤字であったため、稼いだお金は吸い上げられ、赤字店の穴埋めに回されていたのです。

むしろ本部からは、「もっと経費を削れ！」と毎月の店長会では号令が出されていました。私のお店も当然のように、経費カットの目標を設定され、さらに売上増の目標も対前年比で課せられていました。こうした一種やるせない空気感が漂う中、気力の失せた店長達の目

を見れば、そこに未来がないことだけは確実でした。

怖いもので、こうして赤字が何年も続くと、店舗ではお客様から、枕詞のように「だから お前のところは駄目なんだ！」とか「Ｉ社やA社を見習え！」、「外資の安売りチェーンに成り下がって、お客を無視するな！」といった、弱体化した企業に対しての、連鎖的なお叱りをうける出来ごとが頻繁に起こります。

労働基準監督署の指導を受け、最低限の後方施設は改修したものの、店の業務改善にはまだまだ資金が不足していて手がつけられず、「良い店舗コンディション状態」には程遠い状況でした。

なんとかして、この劣悪な環境を変えて、お客様と従業員の笑顔であふれる店にしたいと、日夜考え続けました。その為には、**結局本部に頼っている運営方法から脱出するしかない**、との結論に至ったのです。

社内独立ではありませんが、お金を吸い取られると文句を言ったところで、実際には店舗の運営も利益をつくりだすことも、人件費管理から商品管理まで、本部頼りで店舗を回していたのですから、これではいつまでも経っても状況が変わる訳ありません。どうにかして、本部に頼らずにお店を回し「自店で自由に使えるお金を生み出す」ことに着手していかなくてはならないと考えたのです。

このためには、自分のお店の運営実態を、詳細に把握することが第一歩と考えました。しかし、私自身が店舗の全ての部門を経験していた訳ではありませんでしたし、店長として百人以上いたパートナー社員の、ひとりひとりの動きを把握していた訳でもないことは言うまでもありません。

この実態調査を一日も早く進めたいと思っていましたが、現実は、お客様からの苦情と従業員同士のトラブルの解決に翻弄される毎日でした。

とにかく、店舗は不満だらけでした。このため、社員のマネージャーはパートナーさんをまとめることすらできず、逆にパートナーさんからやり込められて、マネジャーは自分で全てを背負い込んで遅くまで残業しているありさまでした。

私自身も、作業の指示をするための「作業フロー表」が必要と分かっていても、その作り方が分からず、本部の業務改革を担当するところに問い合わせても「現在、作成途中です」と返答されるだけで遅々として進まない。

業を煮やして、自分が昔、売場担当者だったころの記憶を頼りに、作業フロー表を作ってみたものの、ベテランパートナー社員からは「そんなものなくても仕事はできるし必要ない」と一蹴され、誰からも見向きもされない状況でした。

しかたなく、作業フロー表の作成の前に、職場の不満を解決させることを優先し、まずは全員と面談をする時間を設定しました。今ではまず「面談ありき」と分かり切っていることなのですが、この当時は「人の話を聴く」ためのプロセスの重要性が分かっていなかったため、わざわざ遠回りをしてしまっていたのです。

面談を始めてみると、皆が堰を切ったように話し出しました。日々の不満を涙ながらに2時間以上延々と話す人、どうすれば給料が増えるのかを何度も何度も訊いてきた人もいました。面談を続けるのは本当につらいものがありましたが、それでも全員の話を一人一人に耳を傾け聴いていきました。朝出社して売場を一回りした後すぐに面談を開始して、気づいたら夜11時の閉店時刻になっていたことも度々ありました。

そんな中、若手パートナー社員のSさんの話を聞いていると、とても詳しく売場の状況を把握していることが分かったのです。

そこで、Sさんがやっている作業を、私がそれを書き写すから口頭で教えて欲しいとお願いすることにしました。一寸の光明を感じたからです。

しかし、小柄な女性で少々口調のきびしめなSさんの口からは「ただでさえ人が少ないのに、そんなことやっていられない、忙しいからやりたくありません」と、けんもほろろのお断り。悲しいかな、また振り出しに戻って、個人面談を続ける日々が続くことになりました。

それから二週間を過ぎた頃です、私が出社すると、机の上に、筒状に丸められたカレンダーのようなモノが置いてありました。

そこには「店長へ」と書かれた黄色い付箋がついていました。輪ゴムをはずし広げてみると、模造紙ぐらいの大きさの紙に、グロッサリー部門の一週間の作業の流れを示した一覧表が、15分単位で、担当者別に色分けされて描かれていました。

身震いしたのをハッキリ覚えています。この作業の流れが分かる表があれば、一人一人仕事がしやすく、誰もが無駄なく動ける。「これでいける!」…、直感的に追い求めていたイメージに近いものでした。

後でわかったのは、Sさんが自分の仕事と関わる全ての人にヒアリングをして、カレンダーの裏側を使い、小学校二年生の娘さんの色えんぴつを借りて、色分けをして作ってくれたものだったのです。

Sさん曰く「店長に言われたから作ったんじゃないですよ、私が作業しやすくするためにやっただけです!」といつもの負けん気は相変わらずでしたが、後にこの一枚が全社の作業フローを変え、作業指示書を進化させたレイバースケジュールのベースとなり、人時活用と業務改革に大きな影響をもたらすことになったのは紛れもない事実です。

３、人時を定着させ、全店舗に広げていく

１枚のカレンダーがもたらした効果

なぜ私が身震いしてまで、「これだ！」と思ったかと言えば、「図上による作業指示」ができると考えたからです。

現場で作業指示したり、現場で管理しなくてはならない仕組みと、図上ベースで作業指示ができるのとでは、効率も精度も、まるで違ってくるからです。極端な話、図上指示で回せる体制になれば、スタッフが１００人や５００人いても的確に指示できますし、そうした店舗がいくつあっても指示・管理できるようになります。店舗の運営スタイルが根本から変わると言っても過言ではありません。

この実現のために、Ｓさんの作業フロー表をもとに、店舗内でのあらゆる作業の追跡、実態調査を進めていきました。そして、図上で指示するための「作業指示書」が、売場ごとに徐々に出来上がっていったです。

実態調査をしてみると、納品がない日も同じように人が張り付いていたり、在庫が多いためにバックヤードの整理に半日もかかっていたり、値下げ処理に何時間もかかっていた

り…と、無駄や売上に結びつかない作業だけ合わせただけでも、驚くほど時間が使われていたことが見えてきたのです。

誰もが、できるだけ不必要な在庫を持たないように発注しているはずなのに、なぜか、過剰な在庫を抱えることになっていたのは、「毎週の折り込みチラシ」が、全てのコントロールを台無しにしている原因だと気づいたのもこの時でした。どれくらい売れるかの見込み精度があまりにも緩かったのです。

実際、チラシに掲載される150もの商品の発注精度を究極まで高めるために、全アイテムの販売実績を調べてチラシに記録。これらをデータ化していくことで、不必要な在庫を、ほぼなくすことに成功しました。

ただし、チラシ商品に関わるPOPの付け替え作業や、エンドの積み替え、価格チェックといった作業は変わりません。本部に「ウチの店舗だけチラシを中止にしてほしい」と依頼しましたが当然話は通りません。「チラシを無くすのはリスクが大きい」とか、「一店だけ抜くことはできない」…といった理由を並べて、当時は検討すらされず、受けあおうとすることもありませんでした。

そこで、チラシ問題は一旦横において、店舗で独自にできる、「利益を生まない作業の徹底調査」を実施し、そこで発見された無駄な作業を削っていくことにしたのです。

今までは、売り込むために様々な手を尽くすも、思うように売れずに作業だけが増え、結局コストだけが増え続けていたのです。であれば、ムリに売り込むのではなく、コストを掛けなければ利益は残るはず、とまったく逆の方法をとっていったのです。

まずは、店舗でコストを下げる、そのコストを使って、利益につながる業務に再配分していくというやり方を、図上で行っていったのです。

会社は人件費予算超過で、全ての店舗で新規採用をストップさせられていても、店舗内の業務再配分や時間給の調整であれは、店長裁量で十分できます。

言い換えれば、**店舗内でコスト調整できる仕組みができれば、利益を生む作業に再投資できる**わけです。

ここで、威力を発揮したのが、前述のSさんの作業フロー表をベースにした「作業指示書」でした。売場の各マネジャーは、一週間分の作業指示書をつくった上で、週に一度それを持ち寄って「どの曜日のどの時間帯に人が必要なのか」をすり合わせることになりました。また、人が余っている時間帯はどこなのかも合わせてここで提示することで、不足している売場に支援を出せるようにしたのです。

店舗システムで必要な、たった2つの指標

これにより、今まで売場間で仲が良くなかったパートナー社員が、お互いの仕事を知ることで、人間関係は穏やかな雰囲気に変わっていきました。

忙しい、忙しい、人がいない、人がいない、といっていたのは、旧態依然の縦割り組織に縛られていたためで、作業に応じて人が部門間を移動できるようにすれば、思いのほか人は充分足りていたのです。これを機に他部門への支援、受け入れを自由に出来るようしていきました。

当然ですが、そのためには、他部門の仕事を事前に教え、トレーニングしなくてはなりません。それまでは、レジ応援ひとつとっても、一人で開局し、クレジットの戻り処理までできる人はほとんどいませんでしたが、生鮮部門のマネジャーはもちろん、パートナー社員、アルバイトまで全員がレジに入れるようにトレーニングしました。

一方売場では、生鮮のパックであったり、値引きといった作業は、レジから支援を出してカバーするという動きにしていったのです。

当然ですが、歳暮中元のギフト時期は、特定の人に仕事が偏らないように、全員がギフト包装や年賀状の承りができるようにしました。300坪の小さな店なのに、各自の持ち場しか仕事をやらないという、無駄の多いオペレーションであったため、常に大量の人が

必要だったのです。

これができるようになったのは、売上と同時に「人時」を毎日把握し、週単位で「人時計画」を立てることができるようになったからです。

最近の情報システムは進歩も素晴らしく、目を見張るものがありますが、実は基本的に必要なものは、大きく「人時売上」と「商品勘定」の２つだけです。その他はプラスアルファです。人時売上は、何人分の作業量（人時）によってどれだけの売上が上がっているのかという指標です。

一方の商品勘定は、店別、部門別などによる売上と粗利の指標です。スーパーで言えば部門とは、青果、精肉、鮮魚、加工食品、住居用品、衣料品といった括りです。詳しくは後述しますが、この人時売上と商品勘定、これさえあれば、どこに問題があってどのようにすれば儲かるようになるか、一目でわかるようになるのです。

大事なことは、店舗が必要とする情報を、手間をかけずに出力できるように、ワークルールを守ることです。例えば、タイムカードの出勤退勤打刻を必ず全員が行う。といったことです。

店舗の総労働時間を知らずして、人時売上を把握することはできません。管理職だから残業がつくつかないとかは関係ありません。全員がタイムカードを打刻することから始めてくださいと一貫して申し上げてしているのは、このためです。

もし、あるお店で昨日50人が出勤し、一人が打刻を忘れたとすると、打刻率は98％となります。未打刻率はたった2％と思われるかもしれませんが、チェーントータルで1千人を越す人が働いていて、人件費総額が50億円になる企業であれば、1億円ものお金がどのように使われているかわからない状況にあるということです。

チェーンで多店舗展開に成功できるかどうかは、まさにこういった微細な部分を決して放っておかないことです。1、2店舗であれば大して問題にならないことも、30倍、100倍、500倍…と、店数に比例して問題が確実に大きくなるからです。人時生産性に限らず、売上の締め時刻や棚卸の時間が10分ずれるとどうなるか…。正しく決まったルール通りにできているかは、本当に重要なポイントとなります。

「それは、わかっているけど、残業の付かない管理職がムリをしないと回らない！」といった、声がよく返ってきたりします。この対策としては、管理職が作業員になるのを回避するために、作業指示書を作ることが、この難問をひもとく鍵となってきます。

例えば、欧米の小売チェーンの視察などに行かれたことがある方ならご存知と思いますが、行った先の店舗で店長やマネジャーなどの管理職が、どんな様子で仕事をしていたか思い出して見て欲しいのです。きっと、どこの店長も「ウエルカーム」といって、笑顔の余裕で出迎えてくれていたと思います。

そして、品出しやレジといった作業は基本的にはやりません。たとえ、売場に品出しされていない商品が残っていようとも、管理職は時間が来ればそれらに手を付けることなく仕事を終了します。

というのは、一見逆に思われるかもしれませんが、そこで品だしされずに残された商品、つまり、**「本来終えているべき作業」を、残業代の発生しない管理職が処理してしまうと、現場の改善すべき項目が潜在化してしまい、改善できなくなってしまう**ことが分かっているからです。

国内のチェーン企業の場合、これをついつい精神論的に考えると言いますか、１、２店舗のときと同じ発想で対処しがちです。作業途中のものが残っていようものなら、なんとかしなくてはと、管理職がやってしまうでしょう。ある意味、美しき労働精神なのですが、これにより問題や課題が見えなくなり、常に同じことが繰り返され、改善が立ち遅れてしまうのです。

日本の労働生産性、特に飲食・小売り・サービス…などで本質的な改善が進まないのは、まさにこの「問題の潜在化」にあると言えます。精神論､根性論は素晴らしいことですが、効率や生産性、もっと言えば多店舗展開などに対してはマイナスに働きます。ここを変えない限り、店舗の生産性を上げることは不可能ということです。

外観や売り場レイアウトを大手チェーン風、海外のチェーン風に真似してみたところで、こういった問題が解決されない限り、特殊な店舗運営を「残業のつかない管理職の労働力」に依存するしかないわけです。要するに仕組みなっておらず、精神論で解決しようとしている訳ですが、これが店長の過労死など、大きな社会問題になっていることは、もう詳しく述べるまでもないでしょう。

作業指示書を作り、問題が潜在化しないようにしっかり確認していけば、次々に問題が明らかになるため、本部が良かれと思って指示してきたことが、実は無駄であったということも次々に表面化してきます。

店舗が変わり本部が変わる瞬間を見逃すな

私の店舗を業務改革の実験店にしたわけですが、ここで映画ならば、結果を出して丸く収まってハッピーエンドになるのかもしれませんが、現実はそう簡単にはいきません。

そのころ、ようやく、私の店舗では作業スケジュール指示書が徐々に出来上がり、それと同時に、本部でも業務改革を全店に広げていく体制が整いつつありました。

しかし、本部と各店舗の間にある、地区部長と連動がとれていない、はっきり言えば、むしろ完全対立構造にあったといえます。

その為、私の店舗が、本部の業務改革の調査に協力することをよく思わなかった地区の部長は「指示したこともやらずに、こんな役に立たない調査に協力してる非協力の店がある」と会議でやり玉にあげてきたほどです。

今思えば笑い話なのですが、店舗に不利な人事異動や、嫌がらせは日常茶飯事で、異常に高い予算が設定され、最終的にその年最下位評価を店として受けることになってしまったのですが、これが、逆に、改革へ向けての大きな原動力となったのです。

私自身、最低の評価に対して、あまり気にしていなかったのですが、一番反省させられたのは、店長がそういう評価を受けるということは、店の部下達も同じ最下位の評価を受けてしまうということに、後になって気づいたことです。

長年続いたリストラにより、店舗社員の給料はとても低い水準になっていました。私の給料が下がるのは仕方ないとしても、部下達のもともと少ない給料が、さらに毎月数万円下がったのを見た時は、本当に悔しさで胸がいっぱいになりました。

しかし、その数カ月後、彼らの努力によって、この悔しさを跳ね返すことになりました。それは、進めてきた「人時」が実を結び始めてきたからです。

店舗では、本部への予算申請することなく、個店で使用できるお金を生み出す方法で、人時売上を引き上げることができ始めたのです。

目標は、「店舗の過去の人時売上実績の更新」と、それを実現するための「対顧客店舗コンディション評価の向上」の2つでした。

休憩室に張り出された「安・全・第・一」の大きな表示の下に、「人時売上」、「対顧客店舗コンディション評価」、「作業指示書」といった、全員が共有できる掲示ボードを設置し、店舗の状態が刻々と良くなっている状況を皆で共有し、日々の記録を更新していきました。

そうした中で、この店舗活動が少しずつ認知されはじめ、全国店長会や、経営方針会議の議題に改善事例として組み入れられ、店舗の改善取り組み状況を発表する場が与えられるようになりました。

ある日、こうした噂を聞きつけた、ウォルマート・ジャパンチームのリーダー、ジェフマカリスター氏が私の店舗を訪れました。いつものように店内を案内し、社員休憩室に張り出した、店舗状況が一目でわかる、人時売上、対顧客店舗コンディション、作業指示書の活用状況…などを見ながら、店舗ビジョンについて話をしました。

青い瞳を見開いたジェフさん曰く、「なぜ、ここまで取り組みをやっているイトウサンの店舗の評価がこんなに低いのか?」という話題になりました。

それは、こちらから聴きたいセリフだったのですが「我が店の活動が、経営理念に照らしてみて間違っていないのであれば、ウォルマートとしてこの店舗活動を評価していただきたい」旨を伝えました。

その数カ月後、全国店長会の席で、私の店舗の名前が呼ばれ「最優秀改善賞」を受賞することになったのです。そして、下げられて涙を飲んでいた給料は、異例の期中二段階の評価アップを受けることとなり、部下全員がその対象となったのです。

その時、私が壇上で申し上げたことは、今でもはっきりと覚えていますのでここに記します。

無我夢中で店舗の生産性改善を必死にやってきました。
やってるうちに、気づいたのは、
ここ数カ月で本部が大きく変わりつつあるということです。
各本部の方が私の店を訪ねてくださり、その人がまた他の人にそれを伝え、
またひとり、またひとりと、次々と私の店を見に来てくれ、
応援し、励ましの声をかけてくれたおかげです。
これからもよろしくおねがいします。皆さんありがとうございました。

これまでも、取り組みや成功事例をいくら話しても伝わらなかったのですが、この授賞式では、伝わる手ごたえを得ることができたのです。これを境に、本部と店舗の溝が、徐々に埋まっていくこととなりました。

業務改革は本部の協力なしに店舗だけではできません。一歩間違えれば、本部対店舗という溝を深くし、そこで挫折してしまうかもしれません。

そういう意味では業務改革で取り組む最初の一店舗はても重要で、その役割は結果を出すことですが、その使命は本部と店舗をひとつにする架け橋になることと言えます。

ＥＤＬＣが出来ない企業の末路

ＥＤＬＰ（エーブリデーロープライス）とは、日々低価格販売ということで、このモデル実現には、当たり前に聞こえるかもしれませんが、ＥＤＬＣ（エーブリデーローコスト）が絶対条件です。

ムリして安く売り続ければ、当然倒れてしまうわけで、重要なことは、「安く売っても利益をだせる体制」があるかどうか、ということです。

いわば、「ローコストオペレーション」ができているかどうかです。つまり、低価格販売をするかどうかはともかく、日常的に不必要な経費をかけずに、低コストで経営ができるかどうかは、さながら「筋肉質経営」とも言えるもので、観念論ではなく、仕組みづくりとして必須の戦略と言えるものです。

ＥＤＬＣとは、日々の営業の標準体で利益を出せるようにすることです。目先の売上だけを狙ったチラシやポイント何倍セールをやったり、そういった小手先の販促的なことをせずに、キチンと日々利益がでる店舗経営をしていくということです。

ここが第一段階となりますが、経営の取り組み意志一つで実行できるということで、国内チェーンでも取組んでいる企業はいくつかあります。

しかし、経費削減とローコストオペレーションとは似て非なるもので、単なる「コストカットオペレーション」に終始しているチェーンも残念ながら少なくありません。

本質を理解していないために、間違った打ち手をしてしまうのですが、その結果「深刻な客離れ」や「社員の離反」が相次ぐという悪循環が起きてしまったりします。あくまでも、「標準体で低コスト運営ができる」ことが重要なのです。

そして、日常的に積みあげた利益を、次の戦略に再投資していくことが本当の成長につながります。この先、どういう競合がでてこようとも勝ち抜いていくための力とするのです。これは、「2店舗目以降の取り組みで明暗が大きく分かれる」ことになります。

ＥＤＬＣは私がやってきたように一店舗でもできます。しかし、一店舗つくるのとそれを複数化、多店舗展開させていくのとでは、やり方や手順は全く違うということです。

よくあるのが、最初の一店舗は上手くいったからといって、安心して二店舗、三店舗と増やしていくときに手を緩め、二店舗目で立ち往生し、そのうち一店舗目までが戻って、元の木阿弥となってしまうことがあります。

再び立ち上げるときには何倍ものエネルギーが必要となり、事実そういった企業が私のところにご相談に来られるケースも珍しくありません。複数店化させていくハードルが、意外にも高いからです。

鉄は熱いうちに打て、と言いますが、物事を成す時は、熱意が盛り上がっているときに実行することが大事であり、時期を逃がさないうちに実行しないと、成功する可能性はどんどん低くなっていきます。

「店舗業務の改善」というと、何か現場レベルで簡単に出来ることと思われがちですが、これまで事例でご説明してきたとおり、一担当者だけでできるものでは決してありません。

「経営の改革」であり、それに対する意志決定が無ければ何一つ変わらず、全社の協力が必須です。このことを経営者自身が肝に銘じる必要があります。

「売上が減る」、「リスクがある」、「物理的問題がある」…といった表面的な言い訳がでてきたら、一蹴するぐらいの覚悟が必要です。そもそも、人というものは「変化を嫌い、安定にすがる生き物」です。これに安住すれば、会社は確実に倒産に向かいます。本当に手遅れになる前に、豊かな経営への改革を実行してほしいのです。

経営者としてやらなければならないことは、いずれにしろ実行しなければなりません。先送りすればした分だけ、一人一人のやる気と給与は下がり、お客様は減り、取引先も条件も悪化し、会社のキャッシュは消えて借金だけが増えていく…ことになります。その先に何があるかは、もう言うまでもないことでしょう。

店舗業務改革とは、どこよりもお客様に寄り添って商売を続ける為に、本部を変革させて現状の利益の数百倍を目指すものです。社長以下経営幹部が、従業員の心に寄り添って進めなくては絶対にうまくいかないということです。

本章では、チェーン企業における業務改革というものについて、まず、大きな流れをご説明いたしました。経営者として大局を押さえて頂くことが最も重要だからです。次章では、実務展開として、業務改革の基本となる、そしてローコスト経営の基本となる、「人時」の導入と活用…について、詳しくご説明していきます。

第2章

チェーン改革を実現する人時導入と活用戦略

1、人時活用で、販促をやらずに売上を上げていく

店長の仕事は、売上をあげることではない

これから、人時活用の具体実務についてご説明していきますが、まず大事なポイントは、「社長と店長の思考回路の大きな変更が必要」ということが挙げられます。要は、足し算から引き算であり、店長は余計な作業をまず無くし、一端「ヒマ」になる必要がある、ということです。これには前述した「作業指示書」が有効です。

例えば、「作業指示書」が有効に動き出すと、朝の仕事と言えば、売場と店舗の外回りを、朝の8時半から1時間かけて一回り確認し、各マネジャーもしくは、担当パートナーさんへ問題個所を伝えれば、昼前には、ほとんどの問題はどうなったのか、答えが返ってきて、つぎつぎとコトが前に進むようになります。

とにかく業務量が減っていきますので、各マネジャーは、自由に仕事ができるようになります。様々な工夫改善があちこちから出てくるようになり、これが「個店の利益を最大化」するための大きな武器となっていきます。一見して、表からは何の変化もないように見えても、組織的に店の内側から、それを高めていく仕組みをつくっていくことになるか

らです。

店舗運営本部や業務改革部の仕事は、少ない人員で店舗を運営する方法を編み出していくことが役割となります。大事なことは、**その空き時間を「利益の高い業務に振り替える取り組み」をやっていくこと**です。

よく聞かれることは、「店舗運営本部は、売上は上げなくてもいいのでしょうか？」ということですが、店舗運営本部がやることは、「人時のコントロール」がメインであり、直接的に売上は上げることはしなくて結構、とハッキリ申し上げています。

「伊藤は一体何を言っているのか？」と思うかもしれませんが、理由は簡単です。「**売上は販促ではなく、商品の構成によって変わる**」からです。

わかりやすい例で言えば、中元や歳暮は、贈答の品揃えが増えることで売上があがります。母の日はカーネーションやエプロン、父の日になればネクタイ、ハンカチ、お刺身盛り合わせ、バレンタインは～といった具合に、すべては商品の構成、差し替えによって売上高は決まってきます。

最も顕著なのは、年末の「おせち売場」で、通常200円台のかまぼこが、3～5倍の価格帯の商品に切り替わることから、期間の売上が2倍～3倍となるのはその為です。

つまり、店舗運営本部は、定番フェイスの変更を実施するための人時を決めていくことになります。付加価値の高い商品への切り替えに、人時を投入することは、人時生産性の引き上げにつながることになります。そういう意味で、店舗運営本部も売上向上の一端を担っているのですが、あくまでも直接的に売上を上げることをしなくていい、ということなのです。

販促強化に人時をかけるのではなく、あくまでも商品差し替えのために人時をかけて、売上を変えていく。そういう意味では、新商品の多い3月、4月というのはやはり売上が高く、新商品が少ない、1月2月は売上ボリュームが低い傾向になります。

「フェイス変更なら、毎年ちゃんとやっている」という声が聞こえてきそうです。「では、年間に、何回この商品差し替え変更計画が組まれていますか?」とお聞きすると、皆さん「う〜ん」と考え込まれます。

季節モチベーションのような売場づくりや、春秋の大型フェイス変更はどこでもやります。大事なことは、全体の8割以上の商品の売上を決定づける、「定番の商品の差し替え」にあります。

新商品は一年中出てきます。バイヤーが発掘した知られざる地方の名産品や、プライベートブランド商品も、その店にはじめて並ぶ商品は、すべてが新規導入商品です。実際にそこまで細かくフェイス変更に取組んでいるのは、コンビニエンスストアぐらいです。コンビニが伸びてきたのはこういった、食品や日用品の品ぞろえの拡大縮小のフェイス変更を随時おこなっているからに他ありません。

店舗運営本部がやるべきことは、こうした、商品差し替えを適確に行い、新たな顧客を呼ぶことです。そのためには、利益にならない販促強化をやめ、この商品差し替えに人時を張り付けるようにしていくことです。

こういったことは、誰でも大切なことと分かっているはずですが、ここにも仕組みが回っていかない、落とし穴があります。

新商品への差し替えは、お客様の目には新鮮に映り、お客様を呼び新たな購買意欲に繋がることとなります。ところが、店長や従業員の目には、一品二品入れ替わったくらいでは、まずその売り場の変化に気付くことができません。それくらいに「小さな変化」だということです。

商品差し替えが実施されずに新商品が入らなかったり、カットされた商品の棚が品切れしたままになっているのを見て、はじめて「あれ？」と、気づくくらいに見えにくいのです。こういった細かな変更をしないまま、フェイスの変更を年に春秋の2回程度やったくらいでは、売上が上がらないのは無理もありません。

本来ならば、その企業の強みとなる、棚割りフェイスを設計し指示する本部組織があって、その着地を店長が確認承認する仕組みが必要となるのです。

フェイス変更と一口にいっても、一品であれば差し替えればいいのかもしれませんが、棚をまたぐ商品移動や、棚の高さ調節を伴うものもありますから、フェイス変更のパターンによって、必要人時は変わってきます。当時の西友では、まだ、こうしたフェイス変更の基本的な重要性が理解されておらず、必要な人時ガイドも明らかにされていなかったため、その着地をコントロールする術がありませんでした。

店舗は、**フェイス変更がタイムリーに実行されなければ、品切れが起き、商品ロスが増え、それが作業ロスに繋がるといった、トリプルロスが発生**します。

一定の売上をあげていくためには、こうした売場のフェイス変更が行われていることが、ポイントであり、その流れが滞っていないかを確認するのが店長の重要な責務といっても過言ではないのです。

この変更に毎週必要人時を設定して確実に実施する。これをやる店とやらない店では、明らかに売上高の違いがでてくるのは火を見るより明らかです。これまで、チラシや特売という薄利業務に追われていたものをこういった、利益率の高い業務に振り替えることによって、売上があがるだけでなく、粗利益率が大きく変わってくるわけで、人時生産性に寄与していくようになっていきます。

仕事に人をつけて作業指示書で動かす

店舗でコントロールできるコストには、人件費、水道光熱費、施設保守費…等がありますが、私は主管部門に対して、そのすべての見直しに関わってきましたが、中でも最も構成比の高いのが「人件費」です。

店舗における人件費の考え方は、大きくわけて利益を生む作業と、生まない作業の二つに分けて考えていくことが必要です。簡単に言えば、「直接お客様からお金をいただく業務」と、「それ以外の業務」とお考えください。

前者は、レジ、ギフト、対面販売…など、まさにお金を受け取る業務がその典型例です。こちらの都合で短くしたりすることは、中々できないものです。省略すれば、それこそお客様から叱られたり、客離れにつながる業務です。

後者は、発注、荷受け、仕分け、加工、品出し、清掃…といった、いわゆる店舗運営にまつわる前作業や後作業です。直接お客様に関係ないといいますが、見えない部分だけに、短かければ短いほど、生産性はあがり人時売上も上がります。

つまり、利益を生まない業務は、出来るだけ短くし、利益を生む業務に出来るだけ変換させていく。というのが、基本的な手順です。具体的には「手が空いている人は、部門を超えて、レジや忙しい業務へ支援にいってください」ということになります。

しかし、現実的には、個人別に時間給も契約時間も異なりますし、仕事のスキルややり方も違うでしょう。人件費を縦割り組織の店舗で、人を自由自在に必要な仕事に割当て、活用するということは、ほとんど不可能に近いと言えるでしょう。しかし、それを上手く使いこなす方法があります。

それには、人件費の考え方および計算を、人時計算に変えることから始まります。

人件費＝給与単価×人数

↓

人件費＝人時単価×人時

という式です。

一見何が違うのか…と思われるかもしれませんし、たいした違いに見えないかもしれません。しかしこれは実に大きな違いがあります。ここでは、変えるのが難しい「人時単価」は一旦おいておき、まずは、変えていくことができる「人時」だけに着目し、そこを改善していくことになります。

「人時」とは時間当たり一人作業量のことですが、冒頭に出てきたA社の社長からも「言わんとすることはわかりますが、実際それをどう活用していくのかが、わからんのです」という率直なご意見をいただいたのが、その象徴でしょう。

言葉としての意味が分かるレベルと、それを使いこなすレベルでは、まるで違うのです。おっしゃる通り、前職時代もなかなかイメージがわかず、本部としても、店舗でも、この実践には随分時間がかかりました。

そこでA社の社長に、とにかく「人時」に慣れて頂くために、実験店舗を決めて進める中で、人時と人件費の違いについて、２つのポイントをご説明しました。

一つ目は、「**人に仕事がついているのが人件費で、仕事に人をつけるのが人時**」ということです。

人に仕事がついていると、人は、忙しい時であれば、誰でも急いで仕事をやってくれますが、暇な時は、ゆったりと各自のペースで仕事が行われます。問題は、まじめで一生懸命な人ほど「手が空いてしまってはいけない」という意識が働き、余分な仕事をつくって、作業が詰まっているようにみせてしまうことです。簡単な話、余分な仕事を抱えたまま忙しい日を迎えれば、こんどは時間が足りなくなり、その分が残業となって人件費が超過することになります。

一方で、仕事に人がつくとなれば、作業のないところに人はいらないので、余分な仕事が作られることはありません。逆に言えば、作業がなければ人が余っていることも一目瞭然になる訳です。つまり、人時を使うことにより、必然的に余計な作業が削減されるようになるメリットがあるのです。

具体的な例では、レジと売場があります。レジには、多くの場合スケジュール表があり、混み具合とレジ開局状態を見れば、人の過不足は一目瞭然です。しかし、売場になると、俯瞰できるものがありません。そのため、個人で余分な業務を持ったまま仕事が続けられ、人時は膨れていくことになります。そういう意味では、レジ業務は業務内容がはっきりしているため、人時がもっともコントロールしやすい部門となります。

一方で売場の業務は、個人の姿が見えづらい上に、個人の手元で見えにくい作業が多いため、業務内容や実態を把握するのが難しく、人時売上が上がりにくい業務といえます。利益を生まない業務の多くは、この売場の業務に多く含まれており、ここを顕在化させ、必要な時間を導き出すために、まずは業務項目を設定していくことになります。

こうしたことを、店全体、会社全体で行っていき、各作業の標準時間、つまり「人時」を設定し、そこに人を割り当てていく…。この割り振りをするための指示書が、「作業指示書」ということです。これにより、最少の人員で仕事をやりくりする体制ができるわけです。

実際の運用においては、指示書に基づき、各マネージャーの号令で、次々に分刻みでパートナーさんが人時で必要な場所に移動して作業にあたります。

予定の作業が終われば「次の場所に移動…」を繰り返していくわけです。**大切なことは、「無理して作業する」ということは一切なくても、キッチリすべての作業が必要な人時で終えられていく…**ということです。

もう一つ、人件費との違いで重要なポイントがあります。それは、「閲覧する帳票が異なる」という点です。通常、人件費の把握は、月次営業成績表（P/L）で見ることになります。それに対して人時は、日々の人時実績表で確認することになります。

これの意味するところは、その閲覧頻度の違いという点にあります。たかが頻度と思われるかもしれませんが、月一の頻度と毎日とでは、意識も大きく違ってきますし、対応のスピードも、まさにケタ違いに変わってくることになります。

月に一度、結果として見ていく人件費に対して、毎日確認していくのが人時です。人件費を予算内に収める為に、月に一度しかみることしかできなければそれは、実際にコントロールのしようがないということになります。

売上高を毎日見れることで月末の予測が出せるのと同じように、人時も毎日出して見ていくことで進捗管理が出来るので、予算内収束に誘導させることが出来るのです。

調査、運営、革新、の三つで現状課題を浮き彫りにする

作業指示書には定型というものは特にありませんが、構築にはいくつかポイントがあります。最も重要なことは、実態の把握です。

商品が入荷してくるとき、極端な話、1時間で終了できる商品量と思っていたのが変わると、そこにあてがう予定だった人員に狂いが生じます。そこでは、何ケース入荷するかが正確に分かっていないと、人時を割り出すことはできません。人時導入がうまく行かない企業の大半は、この導入の部分でつまづいています。今までの考え方、尺度とは大きく違うので、何となく開始すればほぼ失敗するとお考えください。

まず必要なのが、調査 Research 運営 Operation 革新 Innovation の3つの取り組みとなります。まず、最初にやらなくてはならないのが、業務項目の調査で、店舗業務項目の洗い出しになります。

分かりやすく言えば「棚卸」です。商品の棚卸なら、どこのお店でも実施していると思いますが、業務の棚卸となると、まずやるところはほとんどありません。

しかし、売上比率10%以上もの高いコストがかかっている業務の内容を明らかにしなくては、どこに問題があるのか、見当をつけることもできないことになります。そのために、各業務の項目をその企業の言葉で、明文化していくことがその第一歩となります。

今、「その企業の言葉で」と申し上げましたが、大事なことは、業務項目名の意味は、各社によって異なるという点です。また、同じ企業内でも各売場ごとによって、大きく違ってきたりします。作業内容が違うからです。

例えば、加工食品の「品出し」と言えば、荷受けした商品を売場に移動し、箱から出して棚に並べる作業となります。鮮魚売り場の「品出し」となれば、加工、調理、値付けした商品を、陳列というふうに、同じ店舗内であっても意味が違うので、売場毎に使われている言葉を、明文化することがポイントとなります。

昨今は、M&Aやリテールチェーンとして業務提携が増えています。業務項目の棚卸は、そのような企業間の壁を、解消するのにも役立つことになります。

例えば、商品陳列のことを「陳列」という企業もあれば「品出し」、「品出しメンテ」といったり、様々です。備品でいえば、荷物を運ぶ大型台車を「カート」「パルティナ」というところもあれば「かご車」「カートトラック」というところもあります。

つまり、業務項目を書き出す時には、その企業で使われている言葉で書き出し、統一してなければ混乱をきたすということです。社内用語辞典というナンセンスなものを作らなくてすむよう、業務提携があった時は業務項目一覧を作成していくことは必須といえます。

ここが整理されますと、言葉の壁が解消されるとともに、部門を超えた応援体制や、伝達スピードが格段に早まります。そして、その業務の流れを知る追跡調査をしていくことで、現場の問題が次々に浮かびあがってくるのです。例えば、

・一人一人がどのような作業流れで、業務を行っているのか？
・人によってやり方が異なるのはなぜなのか？
・意味のない、慣例的な作業はないか？
・作業を早く進めることが出来ない要因はなにがあるのか？
・現状、手間のかかる作業にはどういうものがあるのか？

など、まさに店舗のオペレーションの一日の流れを調査し、運営の流れの問題を根本から見ていくことになります。この運営（Operation）の追跡調査で忘れてならないことは、第三者の目で客観調査をしていくことに尽きます。「どのやり方が生産性が高いのか、それとも低いのか？」というのを発見するのが目的だからです。

個人の評価や好き嫌い、ベテランかどうか、感情による裁量…などがあってここがブレると、まったく意味をなさい訳です。人にはそれぞれ癖があります。それは、自分では分からないもので、そのやり方をその店舗の基準にしてしまうと、かなりの差異が生じてく

るからです。

よくある失敗が、「何分で何ケース出したかという記録を自分でつけながらやってください」というやり方です。これをやってしまったがために、改善が行き詰ってしまったケースは多々あります。

冷静に考えてみれば分かることですが、ビジネスでもスポーツでも勉強でも、自己申告の結果を公認とすることはありません。その重要項目となる「基準値」を設定するには、誰もが納得できる客観的なものでなければ意味がないからです。

また、曖昧な自己申告型の計測方法でやってしまうと、このあとの作業指示書を作る段階で、「業務改善のやり方を不満に思う抵抗勢力」に付け入る隙を与えるといったリスクもあるので、ここは本当に慎重に実施すべきポイントとなります。

こうした一連の手順で、現状の店舗運営の作業の流れが図上でできあがっていくわけですが、一方では、これを革新（Innovation）させていくために、「非効率業務」を調べていくことになります。

各企業の店舗では、昔からヨシとされてきた様々な業務があります。これも顧客視点のヒアリングで聞き出し、それを数値化します。これは前述の追跡調査と深く繋がっており、これをもとに、「作業指示書」を作成していくことになります。

２、業務量を減らしていく手順と展開

経営戦略として止める業務を決めているか

業務量を「足していく」ことから「引いていく」ことで人時売上を上げると申しあげましたが、こういった改善要望は、もちろん現場からあがってくることもありますが、それ以上に重要なことは、「経営戦略上、これは取り組まなくてはならない」というものを、予め発見し見つけ出しているか…という点です。

そのためには、これまで、人時生産性を上げようとしてきたが、様々な理由で着手することができなかった、大掛かりで効果の大きい骨太の改革企画を整理しておくことが必要となります。

例えば、

・チラシを減らしていく戦略、
・発注の自動化、
・客数の少ない時間帯での集中品出し化、
・ＰＣセンターの設置…

といったことは、経営判断なしにはできないことばかりです。

今まであたりまえにやってきたことを、大局の視点で革新していくことを予め想定しておくことが必要となります。

そのためには、まず社長が、「非効率業務は止めていく」と宣言することが、その第一歩となります。これなくしては、非効率業務は止めることは出来ないからです。なぜなら、非効率業務を店舗から吸い上げることはできても、現場だけで改善できる項目は、全体の２割に留まるという実態があるからです。

残りの８割の項目は、本部の承認がなければ、業務を勝手に止めるわけにはいかないものばかりです。この割合は、業務改革を少しでも実行すれば、嫌がおうにも分かってくる現実です。

業務改革とは、店舗の非効率業務の改善を入口にして、社長の改革への想いを具現化していくことに他ならないのです。

先に「抵抗勢力」と申し上げましたが、どんなに緻密な調査を行い、仮説と検証結果を示しても、人は、今までやってきたやり方を、すぐには変えようとはしないもので、少なからず抵抗するのは、ある意味当然のことなのです。

新しい考えに、口では「はい、わかりました」と返事はしても、実際に行動する役員や幹部は、まず一人もいないという覚悟をもって取り組まなくてはならないということです。業務改革部を作っても、改善プロジェクトを設定しても、目に見えて結果が変わらないのはその為です。

それを変えていくために、まず社長ご自身が「止めるべきもの」を頭の中に描き、それだけは断行して結果を出す、この意思を固めておかなくてはならないということです。

もちろん業務改革プロジェクトでは、その仮説と検証の準備を丁寧おこない、裏付けを取りながら進めていくことになります。

大事なことは、ここまでやっても、最終的に行動を変えようとしない人材は、どんなに忠実でかわいい部下や右腕であったとしても、「変わらなければ替わってもらう」と通告しなくてはならない、ということです。

自分は変わらず、忖度だけを探ろうとするのは、個人にとっても会社にとってもマイナスです。それが、今の結果をつくりだしてきたからに他ならないからです。

フルフィールドで最善の作業改善を行っているか

私が2店舗目に着任した店舗は、GMS中型店の24時間営業の第1号店でした。24時間の時間軸で、業務を見て、それをフルフィールド（全領域）で考えていくようになると、本部も店長業務も余裕がうまれるようになります。朝と深夜の業務内容が明確になることで、今までの概念を覆すことがたくさん見えてくるからと言えます。

私の店舗でも、ミッドナイトツアーをやる以前までは、朝は、戦争のように人や荷物が行きかう忙しさでした。特に、青果部門は、商品が重く、物量も多いので大変です。その為に大量の長時間パートナーさんが投入され、それでも間に合わないということで、シルバー人材センターや派遣社員の方に来てもらっていました。

この店舗では人時という言葉が定着していなかったこともあって、「忙しい＝人が足りない」という考えがあたりまえで、青果売場は人をいくらいれても間に合わない、という状態が長年続いていました。

そんな状態ですから、前任店長の時代から、朝は店長も一緒になって青果売場で品出しをやるというのが、日課となっていたほどです。そこでこの店でも個人面談を開始し、一人一人の話を聴いていくことにしました。

青果部門のパートナーさんの話しを聴いていくと、「朝は、ほとんど品出しができないのです」という妙な話が出てきたのです。

というのは、24時間営業なのに「深夜から早朝まで、お客様用トイレは使用禁止」という社内ルールがあって、朝7時ぐらいから必死の形相のお客さんに「お手洗いはどこ？」

と聞かれるたびに、倉庫の奥にある社員用のお手洗いをご案内するようにしていた。ということだったのです。

青果売り場から、倉庫奥にある社員トイレまでは、往復100メートルほどあり、朝は他の生鮮や日配の商品カート在庫の隙間を縫ってご案内することになります。

トイレに着いたら、今度はお客様が終わるまで、お待ちして再び売場にご案内するといった一連のご案内作業をやっているとのこと。待ち時間含めると、一人15分ぐらいかかるようで、そのたびに作業が止まり、つきっきりになっていたのです。

これを別の男性派遣社員に聞くと、「それは、女性だけの話で、男性のお客様は、自分が案内している」ということで、毎朝、このトイレ対応に青果売場の人員が割かれていたということがわかったのです。

実際に、朝6時ごろに青果売場に潜入してみると、店舗の脇にあるバス停から降りたお客様が、店内を駅に向かう通り道にしていて、そこでお手洗いを求めてこられる様子がよくわかりました。

コンビニはどこでも24時間トイレを開放しているのに、24時間営業のスーパーが「朝9時からしかトイレを使わせない」ことが、店舗人時を増大させ、顧客満足度も引き下げる要因になっていたのです。

本部の危機管理部門に相談すると「昨今、店内死角での犯罪や事故が報道されているため、防犯上認めるわけにはいかない」とのこと。実施可能な方法はないのかと尋ねると、「24時間は難しいが、早朝からのトイレ使用は、店舗で点検ルールを作り、店長がリスクをとるならやっても構わない」という見解を得ることができ、さっそく翌日から、朝６時に客用トイレを開放することにしたのです。

これにより、青果部門の人時は３割も下がり、派遣社員やシルバーさんに頼ることなく、自社で回せるようになったというのは、本当に笑えない現実の話です。トイレを探しさまよい歩く苦悩のお客様の顔を見ることもなくなりましたし、朝の青果売場は、毎日９時前にぴしゃりと準備できるようになったのは言うまでもありません。

たかがトイレひとつの問題ですが、会社のルールでもこうして、店舗でしかわからない問題は、店舗がリクエストをしない限り、変えることができなかったりします。ここでも、本部の意向を忖度し「店長としてリスクをとる」という一言が、主管部門に言い切ることが出来なければ、コストをかけ、顧客満足度を低下させるコトを繰り返し、人時売上もその先の顧客満足度も変えることはできなかったでしょう。

店舗では、こういった止めてもいい業務が無数にあり、それをつぶしていくには、時間と労力がかかります。

間接部門でも人時を活かす

店長として「人時」を使って様々に動いていた私ですが、2つの店で店長として運営した後、全店の運営改革を推進する店舗統括を担うことになりました。

6年ぶりに戻った本部の異動先は、何をしているか店舗側からは見ることのできない、不思議な店舗運営本部でした。

私が引き継いだのは、パソコン1台だけ。よく言えば、まっさらの状態から出来るということですが、裏を返せば、なにも仕組みがない、主管部と店舗を繋ぐだけの、利益を生まない間接部門でした。

出席しなくてはならない公式会議体は、毎週行われるCEO主催の会議から、オペレーション会議、商品部会議、販促会議、その他主管部門で行われるプロジェクト会議、運営部長会や地区部長会議でそれに7割が費やされます。

残りの時間で、店舗の業務改革にあたっていくことになります。その他にも、CEOや役員からの指示や相談は一日中入るので、7時に出社し、18時までは席に戻らないことはザラで、そういう意味では、社内改革に最もふさわしいなんでも出来る部門でした。

そもそも、店舗運営本部は、地区部長を取りまとめる保守派の総本山ですが、業務内容が不明確なためか、店舗から最も遠く感じる部門と言えます。

なんでもそうですが、店舗でも改革の旗振り役は、店長がやらなくては何も動かないように、全店を改革していくためには、ここ店舗運営本部が動かなければ、なにも変わらないということは、誰も口にしないものの、周知の事実であったといえます。

ウォルマート提携から6年が過ぎたものの、会社は依然として赤字のままでした。店舗はレジを中心に情報システム統合が行われたことによって、営業情報は格段に活用しやすくなりました。

それは、店舗中心の情報システム導入の成果であり、それを使いこなすことが、業績を上げることに繋がるということが、広まりつつあるタイミングでもありました。

一方で、そういった動向が掴めていない店舗運営本部や主管本部は、情報システム統合された後、店舗をどうやって業績回復させていけばいいのか、本部として道が描けてなかったため、利益の回復が遅れている状態でした。

私の店のように、本部に対して、直接ルール変更をリクエストをしたり、それを受け、主管部が改善をするというケースはまだまだ少なく、そういった主管部の提案は皆無だったのです。

主管部が提案してくる計画は、この何も変えないままの総本山にいる運営部長、地区部長と机上で前年踏襲という形で承認されていました。

本部主管部にしてみれば、保守派の運営部長や地区部長とだけで内々に話しを進めていくことで、主管部がリスクをとることも回避できますし、新たな投資計画や予算を設定しなくて済むので、とても楽といえます。

また、地区部長側は店舗に対して、本部主管部との口利き役として威厳を保つといった、中央省庁に陳情する地方行政のような関係であったといえます。

こういった見えないやり取りを可視化することで、地区部長の動きをプラスに変革させていくことが課題であったことは、誰の目にも明らかでした。

まず必要だったのは、地区部長に対して正しい人時実績を把握させ、予算内収束をさせていく道筋と手順を指し示すことでした。各地区部長の店舗がどのポジションにいるのかを明示し、併せて週次でその注意点を出すようにしました。

マネジメントとして、とても当たり前のことですが、これだけで、行動する地区部長の数字は変わりますし、何もしない地区は苦戦が続きます。

やる気のある店舗や地区部長に連絡をとりながら、店舗や地区数値から引き上げる手順を伝えてえていきます。

しかし、中には素直に言うことを聞いてくれる地区部長もいますが、ほとんどの地区部長は様子見タイプですから、口は達者ですが、行動はしないので、そう簡単には変わりません。

それでもこうした取り組みの効果が徐々に出始め、着任４週目から、全社の週間人時実績（コスト）が下がりはじめ、人時売上が上昇し始めました。提携後、過去６年間一度も下がったことのなかった、人件費が下がりはじめ、翌月には予算内に収まるようになったのです。

効果は劇的ですが、ここで進めたことは、「日々の人時を把握し、作業指示書に基づく人時設定をして、週に一度はミーティングをやってください」という、実にシンプルなことしか指示していません。

シンプルですが、効果がしっかり出るのです。数値が改善されている店舗を見に行くと、必ず「作業指示書」が事務所や厨房に掲出されていました。

こうした効果を推し進めるためにも、本部は、人時売上を上げているトップの地区や店舗を称賛し、ボトム地区と店舗を少しでも引き上げていく展開が、本当に重要ということなのです。

火事や救急のように、消防計画にもとづき、日頃から訓練をすることによって、緊急時に、各自がなにをすべきか、決められた役割が果たせるようになっていきます。

人時売上マネジメントも同じで、人時売上戦略に基づき、コスト超過が発生した時の、対応訓練を積んでおくことによって、収益悪化をひきおこさなさないようにすることが出来ます。

もし、日々人時が超過し始めたら、運営部長や地区部長が何をすべきか、決められた役割を果たせるようにしておくことが、企業として重要になります。

実際にそういう現場を想定し訓練することで、誰にでもできるようにしておかなくてはならないということです。

売上を上げることは難しくても、人時売上というのは、やり方を間違えなければほぼ確実に引き上げていくことができます。ここがポイントです。

こうした、数値マネジメント手法を使いつつ、この後、次の一手として根本的なことに着手していくことになっていきます。

３、聖域なき改革で、事業を革新させる

システムの刷新でコスト改革を実現

ウォルマートは、経営陣もグローバル人材であふれていました。このため、日本流の「しがらみ」や、足踏み状態が続く西友には、「なぜ改革が進まないのか？」といった素朴な疑問が、あちこちの会議で話題となっていました。

中でも、部門ごとに張り付けられ固定化した経費予算が、全体の生産性の足を引っ張る、阻害要因になっていることも、多くの会議の場で浮彫りとなってきていました。

例えば人時の運用管理システムです。店舗運営本部として、きれいな情報を整備し提供することの重要性は前述しましたが、ウォルマートの提供する情報システムツールがすべて完璧という訳ではなく、これの刷新が急がれたのですが、その予算獲得に手こずったのです。

当時、店舗では英アズダ方式の人時システムを使っていましたが、運用精度が上がってくると、人件費との誤差がでてくることに気づいたのです。そこを解決すれば、「各店舗の時間外労働は半分以下になる」という確信的なものがありました。このためのシステム

刷新を考えた訳です。

こうしたことが言えるのは、実は、システムを使いこなす精度は日本が一番だったからです。仕組みを考えるのはアメリカが得意でも、運用は日本が得意…ということは、ウォルマートに限ったことではなく、有名なホテルチェーンやアミューズメント施設、レストランやコンビニ…など、数多く見受けられることです。

日本は改善改革に優れた強みを持つ特性があり、全世界に展開しているウォルマート広しと言えども、システムをこれほどまでに活用していた例はなかったのです。だからこそ気づけた改善ポイントということです。

しかし問題はお金です。全店導入となると、新システムは数千万円はかかる上、地区の再編成ごとにメンテナンスコストが発生することになりますので、情報システム部としてはあまりやりたくない投資の一つということになります。

しかしこうした場合、一店舗で言ってだめでも、370店を代表する立場では、投資回収計算は全く違ってきます。そこで、店舗運営本部としてそのシステムを導入してほしいと、管轄の情報システム部に申し入れをしました。

予想通り?、情報システム部では数千万円するソフトを導入するには予算がないという返答です。そこで一計を案じて、システム部の部長に加え、ウォルマートジャパンチームの執行役員サム・ダン氏を交えたミーティングをセットすることにしました。

その席上、「この情報ソフトを導入することで、年間2億以上の人件費が下がる。人件費がさがる分を投資に当ててもらうことはできないだろうか？」という旨を、口頭でリクエストしました。この時、私は、書類1枚も書かずにミーティングに参加してしまい、これば失敗した？と正直思いました。

しかしサム氏は「なんでこんな打ち合わせを私たちはやっているのか？」と、私とシステム部長を見つめて言うのです。「3千万円の投資で、2億円返ってくるなら何も問題ないじゃないか。店舗運営本部からこんないい話がきたのははじめてだ。このスリーミニッツのミーティングは、偉大な効果をもたらした、素晴らしい時間をありがとう」と笑顔で握手を交わし、即決となったのです。

店舗で、数万円の什器一つ買うのに、依頼書、稟議書のたらいまわしで育った私ですが、店舗運営本部がこうして動けば即断即決し、スピードをもって収益が上がる企業に変わることが出来ると、実感を掴んだのはこの時です。

その情報システムは、わずか1か月という、異例のスピードで立ちあがり、予想どおりの大きな成果を上げていくことになりました。

本当に必要なリストラとは

店舗統括では、朝から晩まで、会議やミーティングが本当に多かったのですが、合間の時間を駆使して、各店舗の業務削減策を各地区本部に投げかけ続けました。こうした積み重ねで、月を追うごとに週間の人時が下がりはじめ、人件費は収束し、収益改善基調になっていきました。

しかし、ウォルマート本部からは、6年も投資し続けているのに、未だに赤字体質から脱却できない西友に対して、なぜ、改善ができないのか？といった風当りが頂点に達したのもこの時期でした。

西友に求められた課題は、すでに期限が過ぎており、このプランを使って半年後に結果を出すのでは遅すぎると言う状況にまで追い込まれていたのでした。そのため、不採算店の閉鎖と、店舗ポスト統合によるリストラを組み込み、同時進行させることになったのです。

驚いたのは、運営部長、地区部長です。過去こんなにも急展開で、物事が決まったことはなかったですし、それも「保守派の総本山」と呼ばれた、店舗運営本部が、次から次へと主管部門との交渉をすすめ、そこに緊急リストラが組みこまれたことで、社内は騒然となりました。

2万5千人いる全従業員のうち、正社員は4千人いましたが、この1割の削減とあわせ、本部のリストラも進めていきます。本部から店舗への天下り禁止、優秀な人材の入れ替え人事も禁止し、かつてやったことのない、ある意味極めて公平な、リストラを進めることとなったのです。

自分の派閥だとか、知ってる人間が個別調整をしたりする俗人的な人事は一切なしです。当然ですが、有能な人材も手放さなくてはならないという、大きなリスクもあります。

しかし、これからは、従来型の「人に仕事がついた効率の低い店舗運営方式」と決別して、「仕事に人がつき、誰でも同じ水準で回せる効率の高い店舗運営方式」にするために、本部が先陣をきって、この壁を乗り越えなくてはなりません。

今まで長年繰り返されてきた、部署名称が変わっても、頭がすげ変わっただけという組織人事は、これを皮切りに、無くなっていくことになりました。中には、部署丸ごと無くなるといった大胆な組織変更も行なわれました。店舗だけでなく本部の生産性の改善が求められるようになったのもこの時からです。

これまで、何回もリストラはやってきましたが、それは早期退職中心の、本当に一過性のコスト削減的なものでした。しかし今回は、次に進むための仕組みとそれを支える組織を作り、その上で、人が余ってしまうことを明らかにした、戦略ありきの前向きなリストラを断行したのです。

こういう状態になるまでなぜ放置され続けたきたのか…。ある意味、決断を避け続けた企業に共通する悲しい現実なのかもしれません。しかし、これを教訓に、二度とこういうことをやらなくて済む仕組み作りをしなくてはならない。ここで、チャンスを逃したら、会社を復活させることは、二度と出来ないと思ったのはこの時です。

店舗だけでできる改革は2割もない、と申し上げるのは、まさにこのことです。これを契機に、運営部長や地区部長の動きが変わりました。

今までは、一旦、運営部長や地区部長になれば、降格させられるなどということは、まずありえませんでしたが、今後は、人時売上を上げることが出来ない地区部長は、そういうこともありうるというのを示したのです。

こうして、店舗だけでなく、同時に本部も変えることをやってきたわけですが、何かを得るためには、何かを手放さなくてはなりません。

その時に、どこから手放していくか…。業務改革の抵抗勢力となるところから…というのが、最善策であることは火を見るより明らかで、その鉄則に従って進めることが大きな結果につながることになります。

怒濤のリストラクチャリングと組織変更を一カ月でやり遂げ、その後は間髪入れずに、非効率業務の改善です。地区部長や本部スタッフからの店舗における要望事項は、２００項目以上にのぼりました。

その中で、優先項目１００の裏付け調査を行い、毎週行われるＣＥＯ主催のミーティングの場で業務改革プランの提案を行いました。その総額は１００億円以上で、これが実現できれば黒字は夢ではありません。

例えば、棚卸回数の削減、商品値下げ回数の削減、レジの集中移設、セルフレジの増設、チラシ回数の削減、自動発注範囲の拡大…といった、どれもこれも店舗から過去これまでにでてきては闇に消えていった、主管部に対する改善要望項目ばかりです。

毎週行われるＣＥＯ主催の会議の壇上で、私が、この企画提案を行った時の情景は、今でも鮮明に瞼に焼き付いています。

「そんなことが簡単にできるものか？」「どうせ断ち切れになるにきまってる」といった、本来は味方であるはずの運営部長や地区部長たちの、やる気のない視線の中で、会議はネガティブな空気につつまれていました。

しかし、各主管部門からは、「こういった店舗からの要望が聞きたかった」、「こういう建設的な意見をいってくれれば我々も動きようがある」「うちの部門は、いつまでに回答すればいいのか？」といった、ポジティブな意見が次々と出てきて、提案内容は即決承認されていきました。本物のリストラにより、空気が変わったのです。

ここからが大忙しで、１００以上のプロジェクトを一気に動かすとなると、自分の部下と地区部長の協力を得ながら、まさに戦争状態のような忙しさで指揮を執りました。連日深夜まで業務は続きましたが、３カ月後、６割の業務の簡素化が実現でき、店舗の業務量15%を逓減させることが出来たのです。

そこで生まれたコストカット分を、今度は商品原価に投資し、念願であったＥＤＬＰの収益モデルが稼働したのは、提携から7年たったこの時だったのです。そして、その半年後、全社黒字転換が実現できたのです。

一旦この収益モデルが出来上がると膳循環が廻り始めます。店舗は様々な要望を上げるようになります。本部は、そういった店舗のリクエストに応える為に、投資予算を組み替えます。全てがプラスに動くようになります。

こういったことは、西友に限ったことでなく、他のチェーンでも同じです。実際にお手伝いした数多くの企業が、プラスに転じて大きく変わっていっています。

はじめは、社長主催のプロジェクトに同席し「いったい何がはじまるのか?」「ただでさえ、忙しいのに、これ以上何をやらせられるのだろうか?」「また、休みが取れなくなるのでは?」といった、メンバーの不安と緊張した表情が読み取れます。

それが、月日がたつごとに、不安が希望に変わり、いつしか、一年後にはジョークまで言えるように、明るく変わっていきます。

そして、社長からは「一番変わったのは、がんばってくれた店長やスタッフです。また、プロジェクトメンバーもよくやってくれました。これからもよろしくお願いします」と、部下を誇らしげに語られる姿もよく見る光景です。

しかし本当は、社長ご自身が一番変わったと、私は思っていまして、こうした瞬間こそ、お役に立つことができてよかったと思うのです。

さて、人時を活用した業務改革についてご説明してきましたが、次章では、多店舗展開を実現していく上で最も重要な、「店舗別の展開戦略」について解説していきます。統括として３７０店舗に業務改革を広げる陣頭指揮をとりましたが、それには各店舗の実態把握というものが欠かせませんでした。まさに、多店展開のキーポイントだからです。

第3章

多店舗展開を成功させる、店舗別の実態戦略

1、多店舗展開を成功させる手順

対顧客店舗コンディション力とは何か

前述のとおり、私は、絵に描いたような酷い環境の店の店長を経験してきました。その後、今度は打って変わって、環境がいいがそれを活かしきれてなかった店舗の店長となり、異なるタイプの2つの店舗で陣頭指揮にあたりました。

努力の甲斐とメンバーの協力もあって、どちらも結果が出るようになりました。これにより本部の業務改革部も動きやすくなり、私が店長だった二つ目の店舗を「24時間営業の収益モデル店」として、実地の研修会場として使わせてほしい、という要請を受けることになりました。

それこそ、これは願ったり叶ったりでした。本部の協力を受けやすくなりますし、店舗のマネジャーやパートナーさん達も、自分たちの取り組みに誇りが持てて励みにもなるので、是非活用してほしいと、即座に回答しました。

しばらくして、各店の店長や店長候補者、ミッドナイトマネジャーたちが一同に、一泊二日で私の店舗に来るようになりました。近くのホテルに泊まり込みながらの研修です。

24時間営業で、どうやって人時売上を上げていくのか…、その実践策を学ぶ活きた現場の会場として、役目を果たすようになったのです。

私は、毎朝自動出力される店長レポートを使ったミーティングや、作業指示書の運用、店長用ハンディターミナルの活用方法、結果誘導…などについて、店内を移動しながら、出来るだけ分かりやすく解説する役目を担いました。

朝７時～23時という超ハードな研修で、店舗内の社員食堂の一画を使っての実施でしたが、毎回30名近くが参加し、質疑応答が飛び交うとてもエキサイティングな研修であったと印象深く残っています。

嬉しかったのは、何年か後に、「あの時の研修でお世話になった○○です」と会議等で、お声をかけてくれる若手社員が結構いて、今も幹部として活躍されている方がたくさんいることから、あのとき本当に頑張って良かったと思っています。

人時売上を追い求めていくと、店舗の業務は着実に減っていきます。もちろん自然に減ることは決してありません。放っておけばむしろ確実に増えていくのが業務というものです。店長はじめ地区部長が目標を掲げながら、業務削減のアクションを起こしていかない限り、一つたりとも改善されることはないのです。

チラシ一つでも、一人の店長だけでは無くすことは不可能です。「こういうものだ」という思い込みによって続けられてことは、山のようにありますが、本部や地区の関係者の協力がなければ、一つたりとも無くすことができないのです。しかし、削減できたときの効果は絶大です。

つまり、**人時売上とは、企業が総力をあげて改善工夫の活動をすることによって、数値を上げていくもの**ということです。

これを今度は仕組みにし、全店舗に広げて毎年利益更新を目指していくのですが、そのためには、人時の発想とは対極にある、もう一つの大事な指標に着目していかなければ、決して実現することはありません。

理由は明快です。すべての活動はお客様あってのことだからです。つまりお客様に対する指標が絶対に必要ということです。その指標とは、「対顧客店舗コンディション力」です。先の人時売上は「店舗と本部」という関係で改善していきますが、こちらは「店舗とお客様」の関係で改善していく指標となります。

対顧客店舗コンディション力を高めるためには、顧客満足度の調査が必須となります。お客様が各店舗に対してどう思い、どう感じているのか…。これを指標化しながら高めていくことが極めて重要な取り組みとなります。

具体的には、「品切れ」、「レジの正確さ」、「接客」…といった自店舗にとって必要な数々の項目をチェーン企業全体として設定し、これを毎月調査し、客観数値化して改善していくことになります。企業ごとに…というのは、ベースは似ていても、方針が異なるため、注力すべき箇所、死守しなければならない項目…などに違いがあるからです。

このため、各企業ごとに、どの項目が必要か設定していく必要がありますが、無暗に項目を増やしても、お客様は質問に答えるのが億劫になり、正確な数値が取れなくなったり、集計にコストがやたらかかるようになったりします。必要最小限で重要な要素を設定することが重要となってきます。

こういった調査は、アメリカではかなり多くのチェーンで取り入れられているのですが、国内でやっている企業はまだまだ少数派です。

調査してみると、同じチェーンの店でも、こんなにもバラつきがでるものか？というぐらい店舗間で格差が現れたりします。もっと言えば、店長が替わるだけで、対顧客店舗コンディション力は大きく変化します。

人時売上を上げることで変わる生産性と、対顧客店舗コンディション力は、そのバランスが重要になってくるのですが、儲かるチェーンとなるためには、この二つの指標を使って、店舗の力を引き上げていくことになります。

絶対知っておかなくてはならい4つのゾーン

さて、人時生産性と顧客満足度の二つの指標を軸に、お店の状態をマッピングしたのが、次のページの「店舗別の状態図」です。縦軸は人時売上、横軸は対顧客店舗コンディション力で、四分割で区分けしています。

右上のEは、人時売上が高くて対顧客店舗コンディション力も高い店舗。
左上のDは、人時売上は高いが対顧客店舗コンディション力が低い店舗。
左下のLは、人時売上が低くて対顧客店舗コンディション力も低い店舗。
右下のCは、人時売上は低いが対顧客店舗コンディション力は高い店舗。

お気づきの通り、分かりやすくエブリデーローコスト「EDLC」になっていますが、本質的な店舗の状態と対策を考える上で、非常に重要なゾーン分けをしています。

この構図に、自社の店舗を配置していただくとお分かりになると思うのですが、店舗型ビジネスすべての企業の店舗は、基本的にこの四つのいずれかのゾーンに当てはまることになります。

勘のいい経営者ならお気づきのことと思いますが、自社の各チェーン店が、どのゾーン

店舗の経営実態の構図

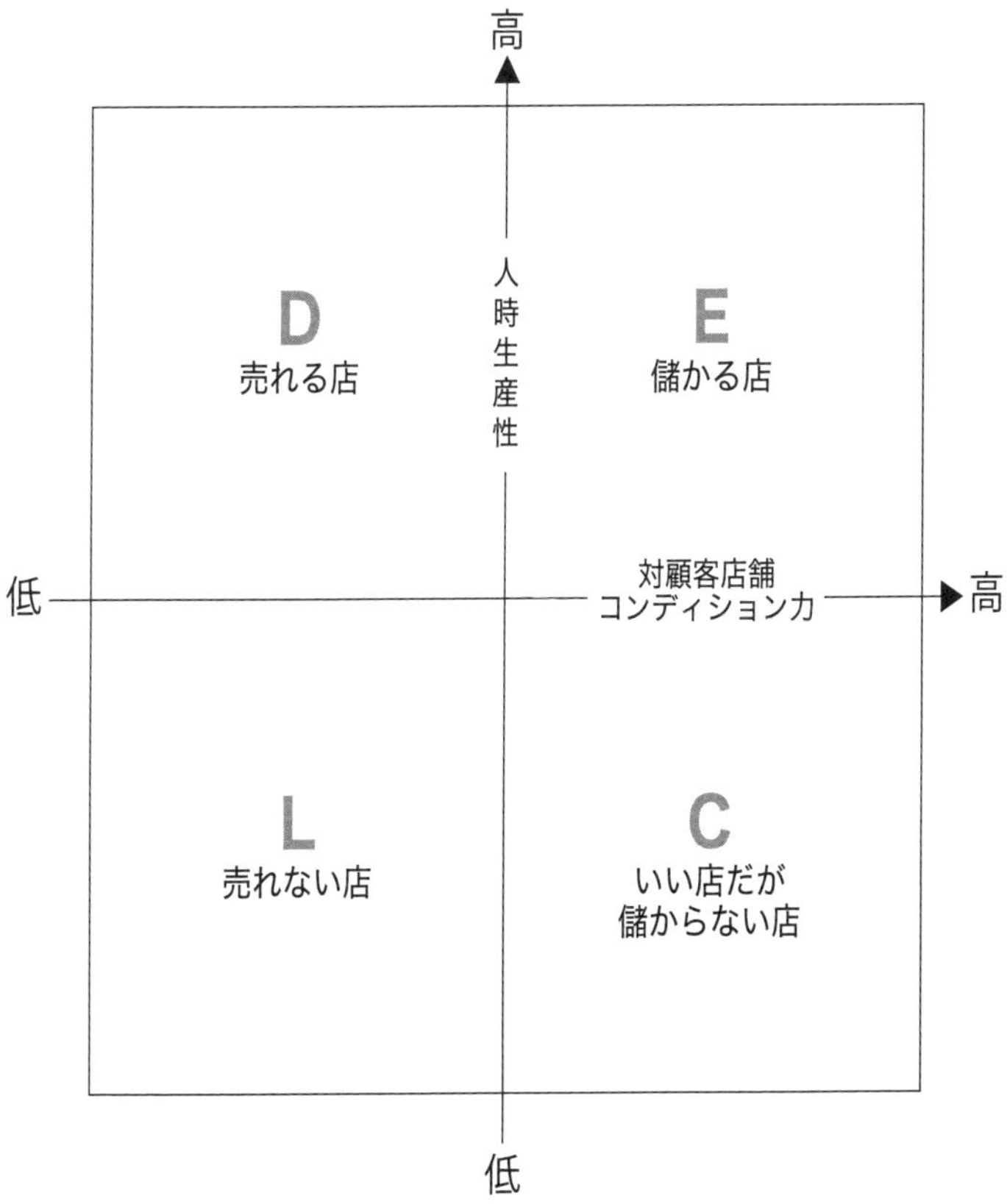
高
人時生産性
低
D
売れる店
E
儲かる店
低
対顧客店舗
コンディション力
高
L
売れない店
C
いい店だが
儲からない店

に位置するか、その割合がチェーンの経営状態を表しているということになります。ご自身のお店を置き換えて考えてみてください。

Eは誰がみても優良店とお分かりいただけると思いますが、では、Dゾーンはどんな店が当てはまるでしょうか。

典型例は、立地など好条件に恵まれた客数の多い「ドル箱店舗」です。お店の本来の力というより、駅が近いとか近くに人が集まる施設があるなど、半ば放っておいてもお客が来ている店です。客数が多く忙しいため、品切れやレジでお待たせすることが起こっていて、対顧客店舗コンディション力は低いのが特徴です。

数や割合はともかく、どこのチェーンにもこういった稼ぎ頭の店舗が少しはあるもので、赤字ギリギリの店舗をカバーする原資になっていたりします。前述した、私が最初に赴任したボロボロのお店は、まさにこのDゾーンの典型例です。

その下のLゾーンはどうでしょうか？　ここの典型例は、絶対に売れると思って出店したものの、期待通りにの結果がでていない店舗です。また、新規競合出店や、高齢化の影響を受けてしまっている「売れない店」です。

多くの場合、「Dゾーンの好条件」を理解せずに、右から左にマネだけして出店してしまった、いわば失敗店と言えるでしょう。

次に右下のCはといいますと、表面的なことに取り組む店舗、いわゆる人手をかけてでも「いい店」さえ作れば、売上利益は後からついてくると思っている「いい店だけど儲からない店舗」です。

過剰な接客応対、無駄な空間、ディスプレー、包装、チラシ…といったことが、「顧客満足を高める」と盲目的に行われているお店です。デパートなどを目標に店づくりをしていると言えば分かりやすいかもしれません。コストの割に利益につながっていないために、儲からないお店になっているのです。

4つのゾーンを分かりやすく分類すれば、

- **優秀店舗を示す、エクセレントのEゾーン**
- **好立地商圏の優位性を表すドル箱店のDゾーン。**
- **生産性も低く店舗状態も悪い、負け犬を示すLooserのLゾーン**
- **業務過多、経費過多を表したコストオーバーのCゾーン。**

となります。さて、ここで皆さんのチェーンの各店は、どこに当てはまるかを想像してみてください。あまり深く考えずにイメージ的に考えおいていただければ結構です。

表面だけマネて対策しても効果は出ない

いかがでしょうか？ ご自分のチェーンの各店がどのような配分になっているか、だいたいつかめたでしょうか…。

ちなみに、提携後の西友は、Eゾーンの店はほぼ皆無で、6割以上の店舗が、負け犬のLゾーンでした。そして3割がコストオーバーのCゾーンで収益貢献はほぼゼロ。Lゾーンのつくった膨大な赤字は、数少ないドル箱店のDゾーンの店舗がカバーしている状況だったのです。

この比率は370店舗のお店ごとに一つずつ、マッピングして分かったことで、その驚愕の実態に本当に驚いたものです。「これでは絶対に儲からない、何とかしなければつぶれてしまう…」と。

今では9割以上がEゾーンとなっていますが、Eに至るには、かなりの時間を要しました。Eに至るまでの手順を知らなければ、ほぼ間違いなく失敗するからです。

実際、私も何度も失敗に直面しています。例えば、提携直後に最初に取組んだことは、まず、「対顧客店舗コンディション力を上げよう」ということで、結果的に、Cを目指すところから着手していきました。

そこでの取り組みは「素晴らしい店舗フォーマットの店をつくる」とか「ウォルマート

風の表示サインに差し替える」ことや「いい見栄えの店をつくる」といった、ウォルマートのやっている「見た目」を模倣することでした。価格を大きく表示した販促物を、全社一斉に導入したりしました。

当時話題となっていた、スーパーセンターの表示サインを店舗に取り付け、つぎつぎと売場展開をしていったのです。西友をウォルマート風の装飾に替えれば、売れるようになるのでは？といった見た目だけを変えていったのです。

結果的には、店舗運営の改革が伴っていない「演出先行の店づくり」をすればするほど、コストがかかって儲けどころではない事態を招くことになりました。これまでにご説明してきたとおり、余計な手間だけが増えるからです。

そこで、形を真似てもダメだということで、次にとったのが、「売上を上げる」という戦略でした。とにかく売上を上げようと、客数・買い上げ点数アップなどを、集中実施していったのです。

販促強化策として、チラシ本数や部数の拡大、価格訴求型の商品の送り込み。カード会員５％オフやカテゴリー割引の連続です。もうこれ以上できないというくらい販促策をつぎ込んでいったのです。その結果、割引企画の重複により粗利率は下がり、販促物の切り替え作業に人手がかかり経費が増えていきました。

表面的にはDゾーンを目指していたつもりが、結果的には業務過多に加え、店舗コンディション力の悪化という、Lゾーンにまっ逆さまに落ち、被害はより甚大になりました。当時はこれらが原因であったことに気づかぬまま、同じ間違いを繰り返していたのです。

各ゾーンのお店は、「構造的な何か」があって、結果的にそのゾーンに配置されているのですが、その構造的な何かを理解せず、表層的なことだけをいくら取り組んでも、結果はいつまでも変わらないのは、ある意味当然のことなのです。

実は多くのチェーン企業で、なかなか業務改革が成功しない、多店舗展開が成功していかない理由はここにあります。

何か新しいこととして業務を増やすのは簡単であっても、それが儲からないとわかったときに、それを削減したり、止めさせることの方が大変で、止めていくための仕組みをつくらなくては大変なことになるのに、なかなか気づけないのです。

私が、最後の砦であったEのポジションに向かうことを決断し、表面的な施策から構造的な施策、つまりローコストオペレーションを実現する人時施策を実施する、その決断こそが重要ということです。

そこに立つことで、真の黒字という結果を手にすることとなり、そこから増収増益をつづけていくことが出来るようになったのです。

狙ってつくれる店と作れない店

重要なことは、Ｅゾーンの店は狙ってつくれるが、Ｄゾーンの店は狙ってつくれるものではない、ということです。語弊を恐れずに申し上げれば、Ｄゾーン、つまりドル箱店は、「想定外の当たり」が起きているから存在しているのです。

冷静に考えてみてください。店舗コンディション力が悪いのに、なぜ客数が落ちないのか…。こう言うと、それは立地が良いから…と反論される人がいます。

では逆に質問ですが、「好立地は当然、土地代やテナント代が高い」のは経営の常識ではないですか？　ということです。人が多くて交通至便なら店は成功する…というのなら、東京の銀座にお店を出せば誰でも成功する…という話になります。

銀座の土地は、ハガキ一枚サイズで１００万円を越しますが、いくら好立地でもコストが高ければ、当然儲からないのはスグに分かることです。

つまり、好立地にも関わらず、低コストで店をだせているほど大昔からそこでやっているとか、出店後に人が大勢集まる施設や特別な事情ができた…とか、「本来の経営努力以外のラッキー」が起きているからこそ、ドル箱店になっている訳です。

このことをしっかり認識せず、「同じようにやれば上手くいくはず」と、チェーン企業にありがちな「上手く行っているお店の表面的なコピー」を実施してしまうと、ほぼ間違いなくLゾーンのお店ができてしまいます。

型にはめて多店舗展開すると失敗してしまうのは、まさにこれが理由です。立地の良さがないところに、店舗コンディション力が低いお店を出し続けていけばどうなるか…は、もう言うまでもないでしょう。

また、立地が良くても、同程度の集客立地に出店すれば、当然ながら非常に高い地代やテナント料を支払わなくてはならず、それに見合う人時生産性を出すのがほとんど不可能、という事態になってしまいます。

前者の失敗はDを狙ってL、後者の失敗はDを狙ってCと、結局LとCを行き来してしまうのが、典型的なパターンということですが、それらの原因は、店舗の本質的な状態を把握していないことと、「標準体で利益があがる体制づくりをまず行う」という、大基本を無視しているからに他なりません。

Eゾーン実現のためには、人時生産性を向上させ、業務改革を進める仕組みづくりが欠かせません。そのうえで一店舗ずつ順番に導入していくことになります。

人時生産性の基となる人時売上高は、店舗と本部との共通指標となるため、この数値ひとつで、店舗は本部への改善リクエストを出すことができるという大きなメリットがあります。

対顧客店舗コンディション力を確認する

私が最初に着任したお店の時、お客様からのお叱りを受けることが多い店であったということは、前述しましたが、二日に一回のペースで様々なお叱りをうけていました。中でも最も多かったのが、「価格間違い」です。

ＰＯＰの取り忘れやレジの割引間違いが、その大半を占めていました。対顧客店舗コンディション力の「レジの正確さ」という項目があり、１００点満点中で30点であったということを記憶しています。

これは１００人のお客様に、「このお店のレジの打刻は正しく行われていますか？」という質問をして、「ハイ」と答えてくれた人の数です。つまり、７割のお客様が、「この店のレジは必ず間違える」と思っていたと言うことです。いかに酷いか一発で分かる点数ということです。

これを厳粛に受け止め、ＰＯＰの取り付け取り外しの点検、マスター価格の入力漏れの点検を、チラシ訴求日と、終了日明けに徹底的にやるようにしました。これにより「価格間違い」の件数は減っていきましたが、毎回１５０アイテム近くを、週に何回もチェックするのは相当な人時がかかるものです。

店長として、全員の面談、苦情対応、そしてこの価格間違い…の３つの課題を抱えていたのですが、ウォルマートジャパンチームリーダーのジェフマカリスター氏が再び店舗を訪れたとき、あることを相談されました。

それは、「各店で無理やり人員を削ったことで、苦情が増えていることへの対応として、ウォルマートでやっている「グリーター」を日本でやってみたい。それは日本で定着するかどうか意見を聞きたい」ということでした。

グリーターとは、「お客様係」のことです。売場には、青果、精肉、レジといった売場の係はいますが、お客様のための係というのはいません。

私の店では、苦情が多かったため、店長として出来るだけ店舗にでるようにしたのですが、それでも一日3割程度しかお客様の前に立つことはできません。

お客様係は、私の店には絶対に必要な存在と確信していたことから、「日本でもやれば圧倒的な差別化になるはずだ」と即答しました。その後、すぐに全店導入の指示がでて、私の店でも設定し、営業時間の7割をカバーするようにしました。

グリーターの仕事は、ハンディキャップのあるお客様のお買い物のお手伝いをすることはもちろんです。その他に、自店に取扱のない商品は近隣のお店を探して、お知らせするといったこともやります。

毎日、お客さまに聞かれたことを　専用のメモ用紙に書いて、店長の私に提出するのも重要な役目です。言い換えれば、店長の代わりにお客様とお話しをする係です。

この効果はてきめんで、これまで、頻繁に起きていたお客様からの苦情が半減したのです。このことの本質は、「単に苦情が減った」という意味ではありません。「**お客様が優しくお店に接してくれるようになった**」という表現が一番近しいといえます。

このお客様係というのは、もう一つ別の顔があります。もともと、ウォルマートがお客様係を設置した理由は、商品盗難が多くて困ったのがきっかけです。

盗難はお店にとって重大な問題です。もちろん対策しなければなりませんが、盗難が多いからといって警備員を店内に配置すれば、売場には妙な緊張感が漂うことになり、お客様からしてもお買い物を楽しめなくなってしまいます。

この解決策として考えられたのが、「お客様の目を見て話す」専門のパートナーさんを入れるということでした。目を見て話されると、「顔を見られた」とか「気づかれた」といった心理状態になり、そこから物を盗もうとする人は少なくなるためです。

その苦情の半減効果に加えて副産物として得られたのが、「棚不足の減少」です。担当者は店内を巡回するため、「どこどこの棚の商品が切れている」といったことを目にしたりお客様から聞いたりして、情報が集まるようになり、特定アイテムの棚不足が減らせたという訳です。このことは本にも書かれてアメリカでも結構有名な話です。

私の店でも棚不足が多くて困っていたのですが、このアメリカでの話を知っていたので、お客様係には、棚不足の多い売場を中心とした基本巡回ルートを設定して、活動してもらうようにしました。

お客様係には、年間150万円の人件費投資が必要でした。ここだけ聞くと、経費増だから二の足を踏んでしまうという社長さんも多いかもしれません。しかし、数千万円分あった棚不足は、翌年には半分以下になったのです。顧客満足度を上げて、利益ねん出の仕組みをいれるという、もっともシンプルな事例です。

ただし、ことは単純ではないこともお伝えしておきます。他のお店ではそれほど棚不足は減らず、かえって人件費だけが増えた…という店舗も多くあったのです。多くの社長さんが心配されるのは、まさにこのパターンでしょう。

理由は明解でした。Eゾーンの企業を目指すためには、利益に結びつかない業務をまず無くさなくてはなりません。人時が徹底されていて、仕組みでローコストオペレーションの体制ができていることが条件なのです。

業務量が多いままお客様係を設定しても、品出しやレジの応援要員として、常に使われてしまうという実態がありました。お客様係がその本来の役割を果たせる状況になかったのです。

こうした事を知っていたため、私が店舗運営本部に着任してチェーン全体の業務量削減に取り組んでいた時、お客様係を使いこなせる店はまだ少ないと判断し、一旦、すべての店のお客様係を撤廃することを決めたほどです。

コンシェルジュ機能を置くのは簡単です。しかし、それを維持するには、利益を生みださない業務を止める仕組みが無くては、効力は発揮できないということです。

儲かるチェーンづくりにはおいては、ローコストペレーションが出来上がった後、タイミングを見計らいながら、必ず次の「顧客満足度を上げながら利益をつくりだす」ための、手を打って頂いています。本書冒頭でお伝えしたとおり、単にローコストオペレーション体制の段階で止まってしまうと、殺風景でつまらないお店になってしまうからです。これでは対顧客店舗コンディション力があがることはありません。

ここでは典型例としてお客様係をお伝えしましたが、チェーンの特徴により様々な手法があります。こうしたことは、当社ウェブサイトでもご案内していますのでご興味がある方はご参照ください。

2、チェーン全体に広げる実務と戦略

人時生産性を指標にして改革を進めよ

かつて、提携前の西友が売場の什器一つ買うのに、依頼書、稟議書を書き、それを運営部の承認をとるのに、長い時間がかかっていたことは前述しましたが、人時売上高を指標にすると、採算がとれているかどうか、投資コストに合うのかどうか…スグに判断できるため、こういったことが一気に短縮されます。

店舗の生産性を上げる投資案件を優先させることが、本部にとってもメリットとなることが分かるため、本部と店舗の協業が生まれやすくなるのです。

少人数で利益を出す仕組みをつくるには、本部が人時売上のビジョンを設定し、中長期プランを作っていくことが重要です。業務改革に終わりはないので、5年~10年後のあるべき姿から逆算し、各年ごとのステップアップ目標を立てていきます。

「1年先も見えないのに、10年先のことなど想像もつかない」と言われてきた社長さんもいましたが、「人時売上」であって、「売上」の目標ではないので、実はそう難しく考えなくても、比較的簡単に設定できるのです。

人時売上目標が決まれば、実践していくための核となる施策を組み合わせていくことになります。これらの施策を実践することで、少ない人数で店舗運営が可能となり、自ずと人時売上は上がり、業績向上に直結していくことになります。

こういったプランは、経営企画室がつくるモノではなく、企業人件費の９割のコストを担う、店舗運営本部が主体となり、方針を打ち出すことがその第一歩となります。西友では、ここが不明確であったため、なかなか進まなかった背景があります。

店舗と本部の人件費予算設定も不明確で、店舗は独自に人件費コントロールができないのが悩みの種でした。とくに困ったのは、店舗が頑張って、人時を削り人件費を下げても、本部の余剰人員を次々に店舗に配員されてしまい、店舗の人時売上があがらないということが、繰り返されていました。

また、人件費予算の決め方が荒く、社員を前年ベースの頭数で決め、その残りの金額で、パートアルバイト、派遣社員のやり繰りをするといった手法をとっていました。

店舗の人件費総額は毎年削減されていくものの、社員のベースアップ、新入社員も受け入れるとなれば、増加分はパートアルバイトを減らして吸収せざるを得ず、まさに、労働強化型の決め方をやっていたのです。こういったことを是正しつつ、少ない人員で店舗運営をしていくためには、本部に、戦略を考案し実践する部隊が必要となります。

「店舗で人が足りていないのに、本部を増やすのはいかがなものか？」と言った声も聞こえてきそうですが、この発想こそ疑うべきと申しあげます。人と言っても役目も違えば、やらねばならないことも違うからです。

本部が担うべきは、「**どうすれば、もっと人時売上をあげられる新しい標準モデルをつくりだせるか**」であり、これを研究開発し、テスト繰り返しながらチェーン全体に広げるのが役目です。そこには深く突き詰めていく人材が多数必要となります。

一方、各店舗では、より少ない人数で回せる体制をつくり、余力をつくって新たな収益サービスを生みだし、人時生産性のさらなる向上を目指すのが役割です。

昨年と同じことをしていれば、前年並みの数値が出せた時代は、既に終わっています。今ある人材、資金を使い、何百倍もの新たな利益を生みだすカタチをつくり、始動させておかなければ、わずか数年で損益分岐点を割り込むことは、小売に限らず全ての企業の共通課題です。

これから、成長チェーンを実現させるには、本部に「戦略を立案するための新しい機能」が必要となります。この専門部隊として、「業務改革部」を新設するとき、５人だとザックリ人件費は一人８００万円で年間４千万円かかる計算となります。その分を人時売上で稼ぎ出す算段をしていくこととなります。

4千万も！と思うかもしれませんが、一店舗あたり年間1万人時のコスト改善策をつくれば元がとれます。分かりやすく時給千円で1万人時だと1千万円です。これくらいのムダ探しは、スーパーであれば年商10億円規模の店舗で充分可能だからです。

これを5店舗で実施すれば5千万円の効果という訳です。決して絵空事でもなければ無理な計算でもありません。極めて現実的な計算であり、50店舗、100店舗となれば、5億円、10億円…と、その効果は店舗数に比例して大きくなります。本部の業務改革部を強くしなければならない理由がここにあります。

この部隊の編制が、既存社員からの転換であれば更に利益効果は高まります。聖域を設けないで断行するかどうかは、経営者の判断にお任せしますが、人事部や総務部といった既存部門であっても、来期、営業利益を増やす取り組みが出来ない場合、既存の業務の有無にかかわらず、解消して統合を行っていくくらいの積極性があれば、効果は絶大になっていきます。

既存業務であるなら、機械化やシステム化によって、毎年少ない人員で実施できるようにしていくことが重要な取り組みなのです。業務改革とは、店舗の利益を改善する部隊を設定するだけでなく、本部として、毎年そういった部門改善取り組みを行い、変革をしていくことになります。

結果が出せなければ絵に描いた餅

最初の一店舗で結果を出すのと、それを拡げていくためのはやり方は違うとお伝えしました。西友の最初の1店舗と2店舗目は、私自身が組み立てて作っていきました。しかし、本部として推進していこうするとき、2店舗目と、3店舗目の間には、どうにもならない次元の異なる問題がありました。

各店に拡げていくには、越えなくてはならない二つの大きな壁があります。これを熟知し、対応しない限り、数店舗どまりの改革になるか、もしくは、鋳型にはめるかの如く、無理な多店展開となってチェーンが疲弊することになりかねません。

先に、店舗別の実態としてご説明したとおり、LゾーンとCゾーンを行ったり来たりに陥る危険性が高まる訳です。だからこそ、決して安易に多店舗に広げることがあってはならないのです。

では何が問題かと言えば、一つ目は、最初の一店舗目で作成した作業指示書を、システムのレイバースケジュールにしっかり変換して稼働させなければならない、という問題です。これが想像以上に難易度が高いのです。

その仕組みについて分かっていても、各店長や地区部長に教えていくには、体系化され、使いやすいツールにまでなっていなければ、理解も運用もできないからです。

構造を理解しないままで運用しようとすると、間違いなく「人に作業のついたシフト表」ができあがり、人時売上が改善されないことになります。

重要なポイントは、**作業シフト表とレイバースケジュールは全く異なるもの**、ということです。

前者は、人に作業を割り当てるためのもので、いわゆる、現状の作業やスケジュールを表にしたものです。

これに対して、レイバースケジュールは、業務の作業量にあわせ、人を張り付けていく、作業指示書です。

この二つは、全く別次元のものですが、西友では当時、レイバースケジュールプログラム自体の完成度が低く、実際は、多くの店で作業シフト表として使われていたと言う事実がありました。ここの改善が必須ということです。

二つ目は、それが揃ったときの教育体制です。というのは当時の運営部長、地区部長は誰一人、レイバースケジュールを使って店舗を動かした経験が無かったため、そのために必要なことは、地区部長への教育体制でした。

レイバースケジュールシステムの構築と教育がなくては、せっかく非効率業務の削減で人時生産性をあげても、そのまま放置されれば再び新しいムダな業務が増えていくことになります。それに歯止めをかけておくためには、完成度の高いレイバースケジュールとその取扱いを定着させる訓練が不可欠で、これがなければ驚くほど簡単に、後戻りしてしまうことになるからです。これがアナログ要素が大きく、想像以上にハードルが高いのです。つまづく企業の大半がここで改革をストップさせてしまうのです。

当時西友では、この大きな2つの問題に対処するため、直接CEOのエド氏に相談し、プログラムづくりとそれを拡げていく部分を、わざわざ外部コンサルティング会社に委ねることにしました。外圧からの方が、浸透が確実かつ速いからです。

業務改革部監修でフルカスタマイズしたレイバースケジュールを作るため、新たにロールモデル店を設定し、レイバースケジュールシステムを再構築していきました。

そして、その後もう一つの別のプロジェクトを立ち上げ、リーンプロジェクトとして、各地区部長が責任をもって店舗に定着させる仕組みをつくり、これにより、これまで業務内容が曖昧だった、地区部長の業務を明確にしていったのです。

西友は、これを無理に自社で作ろうとし出来上がるまでに6年の歳月を、要したというのは前述しましたが、その原因は、英スーパーのアズダのマネをすれば上手くいくといった、思い込みにありました。

そのため、自社にあわせた独自ツールの開発が遅れ、各店舗に作業効率の低いやり方を続けさせてしまいました。

まさに、先にお伝えした２つの問題が壁になっていた訳です。そこで一旦この不得意であった部分を第三者機関に委託し、それを再び輸入することで、その後1年で、全店同じレベルで、拡げることができました。

冷静に考えてみればわかることですが、企業にとって、わかっていない不得手なことに自社だけで対処しようとすれば、物凄い時間が浪費されることになります。時間が浪費されるということは、その時間×全従業員の人件費がムダになる話です。

本当は想像以上に恐ろしい話なのですが、表面的には見えづらいため、実にノロノロ、気楽にやっている企業が多いのですが、業務改革も多店展開もなかなか進展しないのは、進めるための手を本当に打っているか…ということです。

６年かかっても実現できていなかったことが、外部コンサルティングファームとのプロジェクト活動で、1年かからずに全店展開を実現させることが出来たことは、この証明以外の何物でもない訳です。

このプロジェクトを機に、その後すべての地区部長は、このプログラムを学ぶことになり、ここから、毎年利益が更新出来るようになったのです。

チェーン経営で、横展開がうまく出来ないのは、「何が欠如しているかを知り、そこを

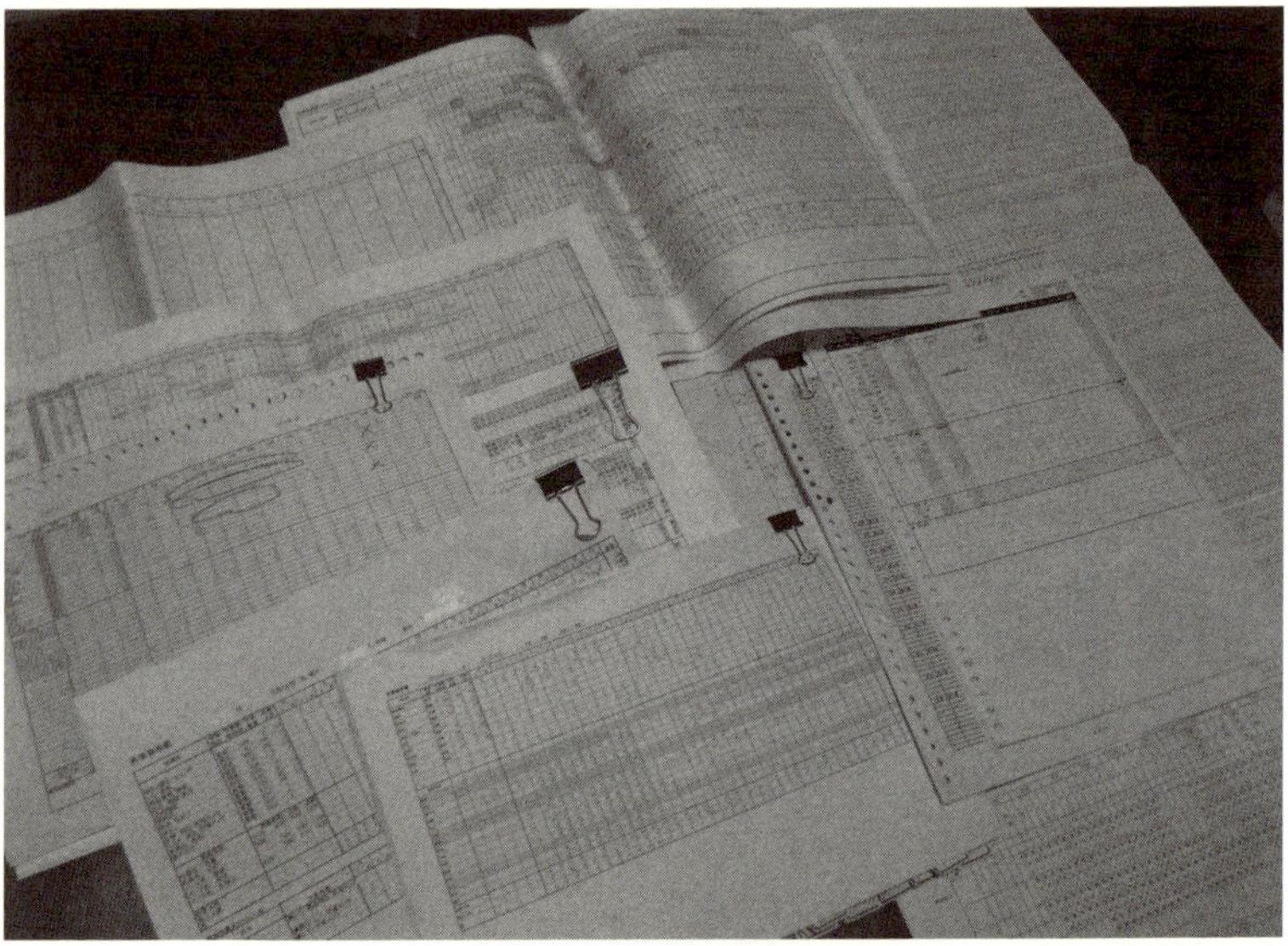

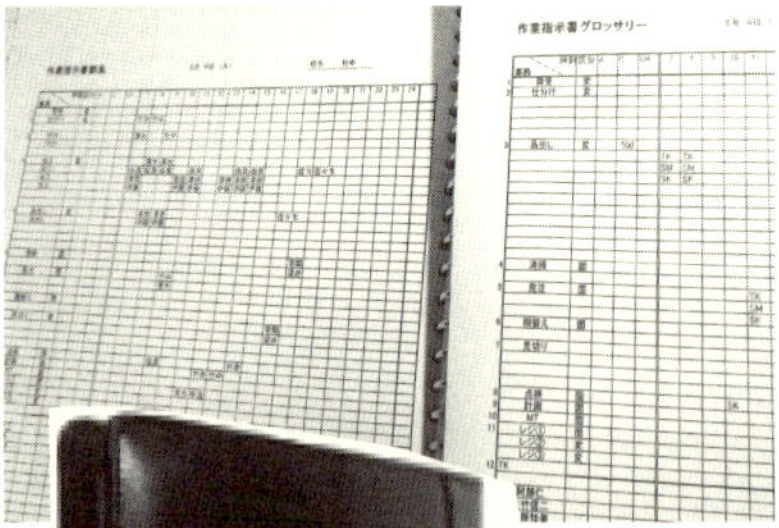
作業指示書グロッサリー

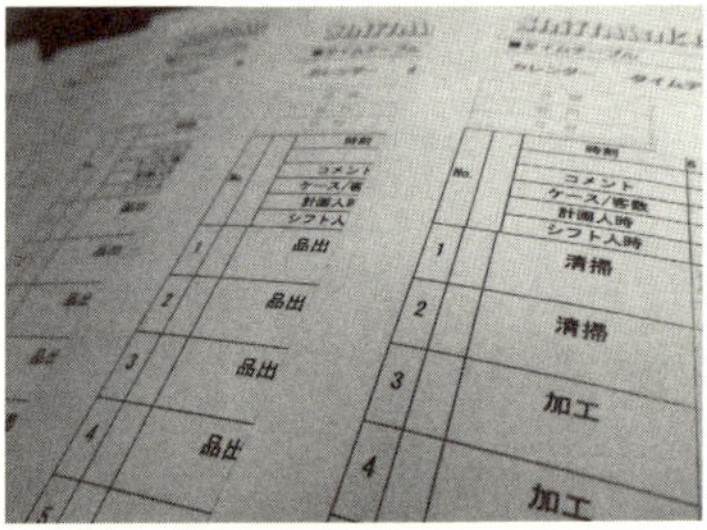
No.
時刻
コメント
ケース/客数
計画人時
シフト人時
1 清掃
2 清掃
3 加工
4 加工
1 品出
2 品出
3 品出
4 品出

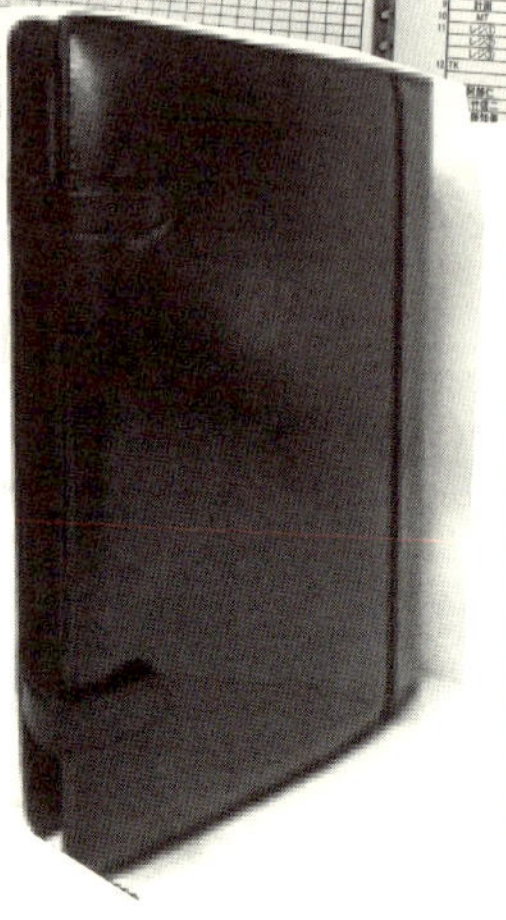

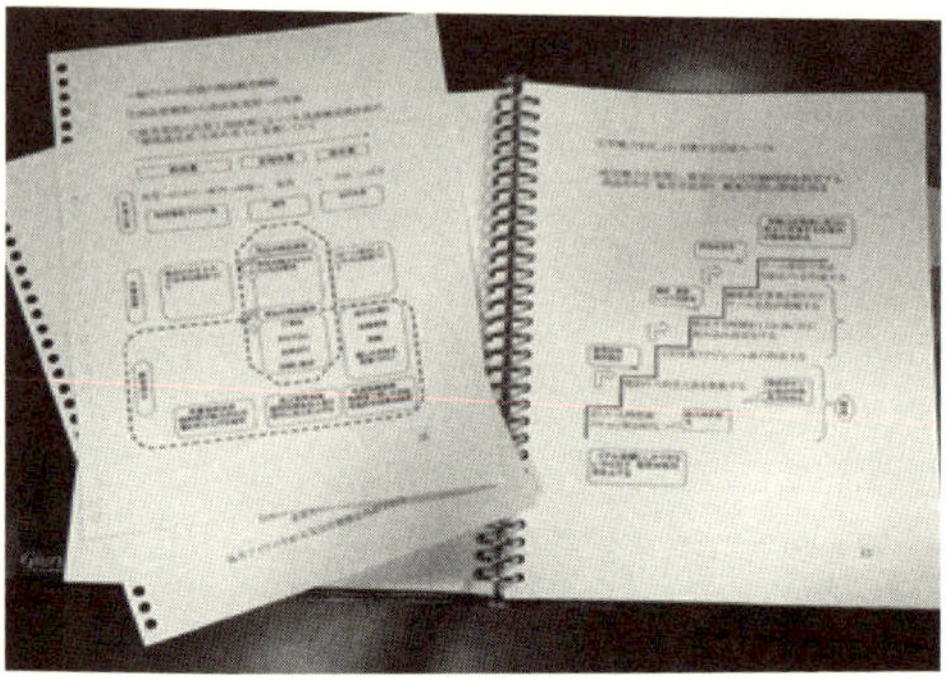

埋めるための組織を作る」という根本を疎かにしているケースが大半です。社内に対処するための仕組みが無ければ、結局は根性論ということです。

ひとつのことをメールの指示一本で動かすようにするには、こうしたステップを踏み、運営部長や地区部長を育成していくこと。これができれば、店舗の人時売上は、高水準で伸ばしていくことができると断言できます。

ご相談にお見えになる企業の中には、こういったことが今ひとつわからなかったため、何度も自己流でレイバースケジュールに取組み、何年も悩まれていた方が多いのにも驚かされます。導入ポイントなども含め、指導案内などを当社ウェブサイトに掲載しています。ご興味のある方はご参照ください。

チャレンジして、上手くいかなかったこと自体は決して失敗ではありませんが、目的と手段を履き違えてしまうと、成果も、結果も得ることが出来ません。大事なことは、自社だけでやることや自社化そのものが目的ではなく、成果をだし結果を導き出すことです。まずは結果をだし、そのあとで自社化すればいいだけのことなのです。

多店舗化成功のポイントは、拡げるための組織と仕組みを作ることです。このことで、絵に書いた餅で終わることなく、それが、価値ある果実として、収穫できるようになるのは、いうまでもありません。

コストゼロで利益予算を達成させようとしていないか

業務改革、そして多店舗展開において、もう一つ重要なことをお伝えいたします。それは予算です。

自社を大いに革新させていく…。当然そこには、経営ビジョンからくる業務改革の目的や役割の設定、進めるための順番を描くことから始めていくことになりますが、事業目的達成のためには、必ずコストが掛かかるということです。

仕入れ計画、改善投資計画、出店計画…など、投資予算が設定されるから、新たな利益を生むことが出来ます。店舗運営本部を中心とした業務改革も同じで、そういった活動にはまず、予算と人手が必要となります。

セミナーでも、このことを申しあげると、「当たり前でしょう」と、ほぼ全員の社長さんが頷かれます。

しかし、なぜわざわざ、「重要なことをお伝えします」と、前置きしながら当たり前のようなことを述べているのかと言えば、**実際の場面になると、「お金をかけないでなんとかしたい」と、ほとんど意味不明の判断をしようとする社長が、想像以上に多い**からに他なりません。

ご相談にお越しになられた経営者の中にも、実際にプロジェクトをスタートさせて、業務改革部をつくる段階になると、「いや、うちはまだ」とか「その前にやるべきことがある」、「そこまでの資金が」…といった、本部人員を増やしたがらない、旧態依然の「タダでなんとかしようとする思考」がムクムクと出てきて、その結果、あろうことか、社長ご自身が改革に急ブレーキをかけるなんていうこともあります。

ケチという言葉が適当かどうかは判断をお任せしますが、「一円でも安く」を合言葉に商売をやっていると、本当に投資しなければならない経営の重要な局面においても、そこらの安売り屋のおじさんレベルで判断してしまうわけです。

あえてここで、苦言を呈しておきますが、そういう経営者は、たとえお金や時間があったとしても「結局やらない」と断言します。

お金があるとか、時期の問題ではなく、それは成長しようとする経営意志の問題だからです。分かりやすく言えば、**本気で改革しようと考える経営者なら、借金してでも業務改革に投資する**からです。

事実、当時の西友では、ウォルマートという後ろ盾があり、優れたシステムや資金があったにもかかわらず、スタートラインにつくまでに7年もの歳月を要したのは前述のとおりです。利益目標を掲げ、必要な組織をつくり、そこに、外部の英知を組み込むという投資を行ったことで、やっと大きな変革が動き始めたのです。

最初は実績はありませんから、ビジョンすら設定することができないかもしれません。そして、準備や手配が膨大で、人も予算もままならない企業も多いでしょう。

しかし、人時を導入してお金を稼ぎ出すモデル店ができたら、これを広げるためには必ずコストをかけることを忘れないでください。失敗するチェーンはここで「タダで済まそう」として、挫折します。

ウォルマートの情報ツールを手にしたとき、単に上手く使えばいいと思った店舗はうまくいきませんでした。しかし、店舗で自由に使える資金を生みだそうと考えることで、全く違った活用方法で、店舗運営を行い、会社を変えることになりました。

まずは、企業として、儲かるために必要な情報を整理することからはじめ、その手順書を社長が描く、あるいは優秀な部下に作らせることがその一歩となります。

ここでの手順は、貴社の前年比較ではなく、人時生産性を上げていくといった、新しい指標を作ることから始まります。

個店力最大化とは、店が独自に考え、光り輝くために、ムダを無くし利益を出し続けること、と定義していますが、自社に置きかえてみた時、社長の意志ひとつで、その人時売上高を、意のままに変えることが出来る仕組みを手に入れることとなります。

毎年、新たな販促強化を足しこんでいくといったことが、いかに利益を棄損するものであったかということに気づき、主体的に利益創造ができる企業に移行していくことになります。

こういった、仕組みを組織内に武器としてもつことで、優位に利益を毎年更新させていくことができるようになります。

第4章

強固なチェーンを築く、5つの改革ポイント

1、経営者が考え方を変えるべき経営の基礎的条件

ポイント1 問違いだらけの人材活用策

チェーン企業における業務改革の施策は、各社各様で実に多岐にわたります。実際、お手伝いしている企業においても、一つ一つの施策はバラバラで、同じものはないのでは？と思えるほど違っています。すべてのチェーン企業、店舗の現場は一つとして同じものはないからです。

しかし一方で、経営の基礎的な部分については、これは逆に「すべてのチェーン企業に等しく通じる」と言えます。ズバリ経営の根幹だからです。そして重要なことは、この基礎的な部分において、「これからの経営環境への適合が急務」という点です。

経営環境の変化が怖いのは、ハッキリと目でみたり、物体として認識することが困難な点です。数値や空気といった捉えどころが難しいものから読み解き、抽象概念で理解する必要があります。

だからこそ、経営者が日々の業務に追いまくられていると、世の中が大きく変わっていても置いていかれてしまう…ということが起きてしまいます。

本章では、そうした取り返しのつかない「置いてきぼり」を防ぐために、チェーン企業が取り組むべき改革の重要ポイントとしてまとめました。経営の根幹をなす部分だけに、今後いかなる戦略を展開するにも、必須の共通部分だとお考えください。

この変革すべき基礎的部分は、大きく5つあります。一つ目は、「年功序列型から即戦力育成型への転換」です。

即戦力型…は、言われて久しいと思います。だから、「今ごろ?」と思う人もいるくらいでしょう。しかし、申し上げたいことは、即戦力人材を採用するとか育てる…といった意味ではまったくありません。

まず、日本の大多数の企業は、その組織運営の基本が、まだまだ年功序列型となっていることです。誰がなんと言おうと、社歴によって給料が高くなっている会社が大半であり、これこそ年功序列を示す何よりの証拠だからです。

これは企業経営を考える上で、非常に重要なポイントです。**年功序列型の本質とは人口が増える時代に適した型**だからです。

会社も社会も拡大していくということが前提のとき、時間をかけて社員を育てる＝若い時は低い賃金で我慢してもらい、年を重ねるごとに高めていく…ということが理にかないました。「時間」という自然増に効果をもたらす要素を使うことで、投資効果的な果実を手に入れていた訳です。また、長年努めてもらうことで、会社に対する忠誠心を養うことにも通じ、これらの相乗効果によって企業は発展してきたのです。

問題は、ご存知の通りこの大前提が崩れました。総務省発表の人口推計をみれば、今後、国内人口は毎年0・4パーセントずつ、50万人も減っていくことがハッキリしています。

つまり今後チェーン経営は、**何もしなければ売上は自動的に減少基調が続く**ということです。

人の数と売上には、密接な関係があることくらい、経営者でなくとも周知のことでしょう。そして販売管理面では、働き手が不足するため単価は上昇します。これまでのように、安い賃金による運営は、見直さざるを得ないということです。

この変化に加え、インターネットの普及とともに、個人の得意技と企業をマッチングさせるサイトも登場し、ちょっとした空き時間にパソコン作業で収入を得ることができる時代になりました。女性の社会進出が進む中、出産後にも、かつて仕事で学んだ得意領域で仕事ができれば、効率的に働くことが出来ます。

これだけ環境が変わっているにも関わらず、相変わらず、「少なくとも、週20時間は入ってもらわないと困る」とか「一日に6時間以上働ける人」、「週4回以上シフトで」…といった、昔ながらのパートアルバイト募集を続けていれば、人が集まらなかったとしても無理はありません。今は週三日勤務や、一日三時間勤務といった人でも、上手に受けられる仕組みが必要なのです。

さて、これらのことを前提とするとき、週三日勤務の人を長時間かけて教育していたのでは、細切れ時間だけに、いつまでたっても戦力になりません。大事なことは、「短時間でも即戦力で働いてもらえる体制」が必須ということです。

「そうは言ってもどうすれば…」という声が聞こえてきそうです。ここで、「作業は明確に区分けされていて、短時間で終えられる仕組みを整えていますか？」と聞いてみると、皆さん「うーん…」と言葉に詰まったりします。

また、休みが取りづらいとか、不要なストレスを感じるようであれば、充実感をもって長く働いてもらうことも難しくなります。もっと条件の良い仕事はいくらでもあるので、すぐに他に移っていってしまいます。

的確な作業指示書などが整えられていて、誰でも無理なく仕事がこなせる体制ができていなければ、いくら優秀な人がいても、全然活かすことができないのです。ここをまず、改善することが、本当に重要だということをご理解ください。

ポイント2　積極出店チェーンが陥りやすい罠

さて、ここで一つ質問です。読者の皆さんは、どのような条件をクリアしていれば成長しているチェーンだとお考えでしょうか？

この質問すると、売上や店舗の規模、店舗数の拡大…といった答えが返ってくることが大半です。確かにイメージ的にはそうかもしれませんが、当社では明確に、「営業利益率３％以上を、毎年更新しつづけていること」と申し上げています。

なぜこの定義になるかをご説明しましょう。例えば、マンションやオフィスビルなどは、大規模修繕工事が10年に一度は行われていたりします。放っておくと老朽化が進み、資産価値が下がりますし、入居者やテナントが出て行ってしまうからです。

お店でも同じです。毎日数百人から数千人の来店客がある店舗では、毎日のちょっとした損傷も多く、さらに老朽化が早まります。10年はおろか、最長でも7年に一回は大規模なメンテナンスが必要となってきます。

前職の例で言えば、チェーン全体で３７０店あったので、これを7年ごと…で割ると、1年に約53店、改装費は1店舗あたり2億円とすると、１００億円以上かかる計算になります。当然、これを営業利益で毎年稼ぎださなければなりません。さらにエブリデイ・ロー・プライス、いわゆるＥＤＬＰの価格引き下げに、ほぼ同等の１００億円を戦略的にかければ、あわせて２００億円はキャッシュとして必要となります。

ちなみに西友は、売上高はざっと7～8千億円で、非公開ですが営業利益率は４％以上を稼ぎ出せているため、２００億円を十分に賄うことができます。つまり３％が最低ラインということで、これ以上稼げて初めて、健全な成長軌道に乗せることができる…ということです。

みなさんの会社も、総店舗数を7で割って一店舗あたりの改装費をかけてみてください。それが大体、営業利益率の１．５％くらいで、同等の金額をＥＤＬＰなどにかけていくという計算です。どうでしょうか？

ご相談をいただく会社の中には、過去に売上の拡大を目指して店舗数をムリに増やしてしまっていたケースも少なくありません。これがたたると、経常をひどく圧迫してしまいます。

売上規模は大きくなっていても利益が出ない。おカネがないので改装ができない。客離れを止めるために販促費をかけて集客しようとする。ますます経費がかかって利益が出ない…。まさに悪循環から抜け出せなくなっていくわけです。

成長チェーンとして勝ち抜くための二つ目の改革ポイントは「営業利益率３％以上を達成できる仕組みがある」ということになります。

ポイント3　誰でも「利益が上げられる」仕組みづくりとは

成長チェーンとして勝ち抜いていくための三つ目の改革ポイントは、「業務改革の指標に、人時《にんじ》売上高を使う」ということです。

ちなみに、社内を見渡してみると、ローデータ数値を加工したり、読み込みに多くの時間をかけているといった光景を目にしませんか？

パソコンの普及とともに、本部や店舗で様々な数値データが出せるようになりました。このデータは重要かもしれませんが、数値データ自体が、利益を産み出すことはありません。ですから、目的や活用方法が明確にされたもの以外は、データをいじることはムダな作業といえます。そのために大事なことは、**「余計な数値資料は絶対につくらせない」**ことが重要なのです。

こういうと、「今後の何かのヒントや、分析など、どこから改善すればいいのかわからないのでは？」という声が聞こえてきそうですが、言い方を変えれば、店舗が利益を上げるために必要な数値は、人時《にんじ》売上高ですべて把握できますし、それらはすべて自動出力にしておく、ということです。要は、人手をかけて余計な集計作業をさせない…ということです。

企業としてこのようにシステム運用方法を統制することで、ムダな集計や読まれもしない資料の作成などに、多くの時間が割かれることはなくなります。

　そうはいっても、システムへの投資は毎年必要となってきますので、その利益が出せる見込みがつくまでは、まずは必要最小限のものだけ、つくっていくこととなります。それが人時なのです。人に関わる数値と売上を一つにまとめたものが人時売上で、この指標を使うことで、店舗業務の中身は大きく変わってきます。

　例えば、売上を毎日確認しているお店や本部は数多いと思いますが、その売上を作るために必要だった人件費を、毎日確認できているでしょうか？　これを日々見えるようにしていくことで、店長の意識が利益に向くように変わっていきます。

　世の中には、「店長指導」と称して、店内販促のＰＯＰやチラシ、パートアルバイトの掌握やモチベーションアップ…といったことを指導しているところがありますが、それらは昔の経営環境下での仕事であり、１店舗やせいぜい数店舗どまりの店の店長がやる仕事でしかありません。

　当社では店長の役割に対する考え方も、明確に変えて頂いています。何と言っても店舗を切り盛りするのは店長であり、この担当長が旧態依然の考えで動いていれば、どれだけ素晴らしい仕組みが整ったとしても、まるで使いこなすことができないからです。この大前提が、すべての基準を「人時売上高」にする、ということなのです。

人時売上を経営指標に変更することにより、店舗の営業数値の活用方法が、月次管理から週次管理に変わるようになってきます。

今まで、事実上、人件費をコントロールするといっても、月の半ばでは途中経過はわからないため、事実上、コントロールが出来ない状態にあったと言えます。人時実績を把握していくことで、週次での進捗確認が出来るため、月内で、過剰や不足を確認し、必要なところに再配分できるようになっていきます。

さらに、人時という言葉に慣れて、可視化できるシステムやツールを使うことで、日々お互いの売場がどう変化するのかを共有化していくことができるようになります。これまで比較することがほとんど不可能だった、違う部署や違う仕事であっても、人時という指標により比較や生産性向上のノウハウの活用、転用が可能となるのです。

「作業ごとに何人時かかる」といったことが、店長、運営部長、社長にも同時にわかれば、全社的な取り組みもより加速させることができます。利益を上げ続けていくためには、誰がやっても、わかる指標で結果がぶれない仕組みにしていくことが重要なのです。

２、変革のスピードを上げるために決断すべきこと

ポイント４　第三者機関の活用

強固なチェーンを築くための四つ目の改革ポイントは、重要なタイミングで第三者機関の体系化したものを活用する、ということが挙げられます。

人材の即戦力化のために「作業指示書を導入して活用する」と申し上げましたが、この第三者機関、つまり外部コンサルタントなどを指しますが、この活用により西友は成長軌道に乗りました。

このことは、西友に限ったことではありません。多くの企業で言えることは、自社内で培っていく知識やノウハウを活かして業務改革を進めたり、経営を進めていくだけでは、それは所詮、一次曲線的な成長しか手にできない、ということです。

簡単に言えば、世の中の変革のスピードの方が断然速いため、自分達の中だけで学び、研鑽し、革新しようとしても、それはもはや、頑張ってランニングしている程度の速度にしかなっていないということです。

外部を活用して仕組みを刷新すれば、誰でも自動車に乗れば時速１００キロで走れるよ

うに、根本から変えることが簡単にできます。

業務改革も同じです。もしこれを社内だけで行おうとすれば、なかなかすんなりといきません。西友がまさにそうで、きちんと動き出すまでに7年もの長い時間がかかったことは、これまでご説明してきたとおりです。

そもそも、きっかけをつくることも、社内だけでは非常に難しいという現実もあります。後になってわかったことですが、ウォルマート傘下に入った当時、会社を再生させるには、十分すぎる程の支援体制を受けていながらも、業務改革に率先して取り組んでいたのは、370店舗の中でも私の店だけと思われるほど、動きだしをつくるのは難しいことなのです。

理由は2つありました。長い混迷が続いた期間、社内では様々なプロジェクトが行われていましたが、そのプロジェクトをやること自体が目的となってしまい、店も本部も疲弊しきってしまっていたことがあります。

そういった中、改革を自社内だけでやろうとしても、過去の固定概念や組織のしがらみがあって、簡素化、標準化というものが、形を変えて置き換わるだけで、結局何も効果が出ないという厳しい現実があったからです。

二つ目は、会社が吸収合併されたため、自分のポジションが無くなることを懸念した運営部長や地区部長らが抵抗勢力となって、素直に言うことを聞こうとしなかったということがあります。

私は、店舗で実践してきたロールモデルをもとに、店舗統括として全店に広げていこうとしたのですが、こうした逆風のために遅々として進まなかったという現実があります。このことに業を煮やした当時ＣＥＯのエド・カレッジスキー氏の発案で、業務改革のために、はじめてコンサルティング会社を導入することとなったのです。

ちなみに、大手の外資系コンサルティングファームとは言ったものの、小売チェーンの実績は無く、ノウハウと呼べるものはほとんど無い状況でした。しかし、この機会を逃せば二度と再生はないと思い、何日もかけ、コンサルティングファームのメンバーへ、私の考え方を伝え、彼らによってまとめたものを、逆輸入的に使ったわけです。

身内が言うと聞かないことでも、外部の権威が言えばピリッとして聞いたりする不思議さがあります。今までなかなか動かなかった組織も、これがきっかけとなりスムーズかつ長期的な効果をもたらす結果となっていったのです。

そういった経験からも、遠回りをせずに、効果を出し拡げるためにも、第三者機関の体系的なものを活用することが重要ということです。

ポイント5　劇的な効果をあげる教育プログラムづくり

五つ目のポイントは、どんなことがあっても、本物のチェーンストア改革にのっとって進めていく、ということです。

本物とは、自社の業革の題材で進めるということです。業務改革のプロジェクトを進めていくと、必ずといっていい程、幹部の参加メンバーの目の輝きが変わってきます。これは、どこかで聞いた話だとか、机上論などが一切なく、すべて実践そのもの話であり、これほど面白いことはないからです。

私の場合も、成長し続けているウォルマートの改革メンバーとともに昼夜議論し、実践してきたチェーン改革の思考法やノウハウは、他ではまず聞くことが出来ない内容だっただけに、それは興奮したものです。

外部でマーケティングを学んだり、販促手法を学ぶことも否定はしませんが、実践が伴わなければ所詮は「聞いた話」に過ぎません。百聞は一見にしかずと言いますが「百の聞いた話より一つの実践」を、幹部はじめ、社員全員が行うようになれば、それこそ、稼ぐための最強の体制になる…ということです。

例えば、「チラシを打たずに収益を上げる」手法は有名ですが、売上という表面的な思考しか持っていなければ、この問題は絶対に解決できません。

本部と店舗の葛藤を解決し、取引先や顧客の利も考慮した上で、こうした手法は初めて実現が可能となっていきます。相手に変わることを要求する前に、自らを変えることではじめて店舗、本部、取引先の協業が可能となります。

そこで培われた思考力や忍耐力が、前人未到の実績を生みだす原動力となります。そういった実務に裏づけされた視点で、幹部に問いかけることで、そこから出てくる改善アイデアは、社内の取り組み意識を大きく変えていくものとなります。

単に「改善策を出してください」と言っても、なかなか出てくるものではありません。そこでは改革手順どおりに進めることで、社員の知識が知恵に変わり、その企業ならではの、成長へのチャンスを手にすることになります。

ちなみに、当社では毎月、数十社とお付き合いさせていただいている関係上、連日各社の社長からのメールや電話でご相談をお受けします。中でも、最近弊社のホームページから、よく問い合わせいただくのが、「店長教育」に関するご相談です。

これが、コンプライアンスや、人事制度や、ダイバーシティー…といったことであれば、私でなくてもよい訳で、他の専門家にあたっていただくのですが、「競合と比べ人時売上高が低いことがわかり、至急その上げ方について教えて欲しい」とか「掲載雑誌記事を読んで、ウチのことを言われてるように気になるのでご相談したい」とか「小冊子を読んで、興味があるのでアポイントをとるにはどうすればいいのか？」といった内容であれば、これは話は別です。

ただ、私自身一社一社を訪問指導することが多いことから、アポイントをいただいても中々お会いすることが難しいため、まずセミナーにて大枠をつかんでいただき、自社に導入できるかどうかも含めて、経営判断いただくようにお願いしています。そのほうが、断然速いからです。

業務改革とは経営戦略です。どこから取り掛かっていくのかを決めていくことであり、自社の業革にそった店長指導の仕組みを行わなければ、実態と乖離していくことになります。ですから、もし、昨年と同じ店長教育というものが自社で実施されているとしたら、これは本当に危ない兆候ということです。

実際に「戦略的に人時を活用する」とはどういうものなのか？　自社にとってあるべき「作業指示書」や「業務改善」はどこから手をつけていくのか。成長がなければ同じことを繰り返すことになります。

経営陣が描けない「作業指示書」や「業務改善」は、店長には指導できません。このステップを上っていく毎に、数値結果に変化が表れ、気づけば競合に大きく差をつけることになっていたということは良くある話なのです。

誰もが数字に強くなって動ける分かりやすい周期づくり

結果を出していくためには、「分かりやすい周期」づくりも大きな効果をもたらします。例えば決算期です。

西友の決算期はもともとは2月決算でしたが、上場廃止後に、小売業では珍しい12月に変更しました。これは親会社のウォルマートが1月だったため、その前に決算をというのが理由でしたが、この12月決算というのは「非常に管理がしやすい」という大きなメリットがありました。

管理会計と税務会計が一本でできることから手間がかからない、という実務上のメリットはもちろんですが、やってみてわかるのは、「１から始まることのわかりやすさ」という点にあります。

人間の感覚は、日時にしても年月にしても全て１から始まります。一年でいえば、１月は年の初め、12月は年の瀬というのは、もうほとんど本能的に分かるレベルです。売上にしても人時にしても、第１四半期は1月〜3月の累計、第２四半期は4月〜6月の累計と、1月〜6月の累計と言った具合に、毎週会議で出てくる資料が、直感的にわかりやすくなるのです。

今年はあと何日残りで、どれくらいの数値をやらなくてはならないか?·どういうことが、誰でもすぐイメージし、計算できるのは大きなメリットです。これが従来の、2月決算となると、3月がスタートで2月が終わり。暦と3カ月ずれているわけで、頭の中で再計算が必要となります。「わかりやすく、誰でも理解しやすい」ということは、戦略を立てていく上で重要なポイントなのです。

1月が新年度となると、前の年の第2四半期の4月あたりから、いくつかの店で次年度の核となる企画の仮説と検証をしていくことになります。改装や価格改定、商品構成…などを仮説に基づき、モデル店を決めてこの時期にテストをしていきます。

その中で効果のあるモノを選んで、第3四半期の7月あたりに、今度は店舗数を増やして実験をしていきます。

そして、第4四半期の10月には、すでに3分の1の店舗でそれが稼働していて、年明けの新年度には、半数の店でそれらを稼働させ、次の第1四半期での予算達成を目指していきます。

第1四半期の予算が達成できるということは、年度予算の達成可能性が、グッと上昇します。この時に、残りの施策未稼働の店舗を一気に実施へ誘導していくことになります。

ですから、

・４月はプランを練る月、
・７月はテストの月、
・10月は３割の店で来年度施策の取り組みを始める月、
・年明け新年度は全店舗で稼働させ予算達成を目指す月

となり、年間利益を前倒しで達成させる計画を組んで、本部は行動する、と言った具合に年間計画を誰にも分かりやすく説明することが出来ます。

たかが12月決算と思うかもしれませんが、こうした経営数値の分かりやすさというのはとても重要で、連続増益を続けるひとつの統制機能といえます。

プロジェクトリーダーを間違わない

さて、改革を推進していくために、最後にお伝えしておくべきことがあります。ちなみに皆さんは、プロジェクトを進めることは得意でしょうか？

「社長、ぜひ私にやらせてください！」とハッキリと言いきる人は、社内に何人いますでしょうか？

取締役にとっても自部門の部下は言うことを聞いてくれるけど、他部門の合意を得たり、手間のかかることをやってもらうのは、本当に骨の折れることです。業務改革プロジェクトでは、店舗運営本部が中心となり改革をすすめていくこととなります。当然、社長としてプロジェクトリーダーは店舗運営本部の人間を指名していくわけですが、ここで落とし穴に落ちてほしくないのです。

落とし穴とは「人選」です。

そもそも、店舗運営本部という組織は、運営部長はじめ、店舗経験が長い人が多いものです。営業現場に近いものの、お客様以外の相手はすべてが自部門で、それをうまくまとめる能力を評価され選任される人が大部分を占めます。

そこではリーダーシップであったり、店舗経営であったり様々なことが経験できる反面、仲間うちや狭い範囲の人たちとしか、行動しない特有の性質があります。

プロジェクト実務で大事なことは、店舗の生産性を上げていくことです。そのためには、主管部門との間で起こる葛藤を解決し、協業できるようにいかにもっていくかということになります。つまり、その交渉相手となる、商品部や、開発部や、施設保全部や、総務人事の主管部門をいかに納得させるかです。

主管部門は担当者であっても相手は、取引先の社長と交渉するのが主要業務となることから、周到な準備をして商談や打ち合わせに臨みます。

店舗運営本部では、そういった準備をするのが不得手な人が多く、問題提起をしたところで、相手を納得させることができず、何も変えることが出来ないという厳しい現実があります。

つまり、店舗運営本部は成長や改革を担う重要なポジションであるにもかかわらず、こういった背景から、変革を起こすことが不得意な部署と言えます。

繰り返しますが、業務改革というのは経営戦略そのものです。それはビジョンを達成するためにどこからやるのかを決断していくことであり、どの企業もこの変革なしに成長することはできません。

私は、前職はもとより、多くの企業をお手伝いしてきた中で、数百以上ものプロジェクトに関わってきた経験があります。誰がその適任者であるか？　また、どこからどう進めれば最大の力が発揮できるのか？　をひたすら考え、見極めてきました。

決して安易にプロジェクトリーダーを決めないでください。適材適所という言葉のとおり、改革には改革にふさわしい担当者を選ぶ必要があります。

それには、まず「劇的に結果を変えていきたい」という経営者の強い意思と情熱が大事です。この想いを受け止められる人、この人こそが改革の推進担当者ということです。

第5章

人時を新たな成長に活かす応用戦略

1、人時戦略を革新させていくために必要なこと

応用が始まるきっかけ

人時を導入していく実務について事例でお伝えしてきましたが、この人時戦略を企業に根付かせていくと、様々な応用策を展開できるようになります。大きくは3段階ほどのレベルがあり、様々な取り組みと、その組み合わせ方によって、より大きな収益を上げられるようになります。

これを突き詰めていっているのがウォルマートと言える訳ですが、本書では、応用レベルの第一段階として、多くのチェーン企業で実施可能な2つの取り組みについて、事例を交えてご説明していきます。

まずここで重要なことは、情報システム活用の修練度が、応用度のレベルを大きく左右するという点です。基本ができていて修練度が上がっていなければ応用は不可能ということです。

西友は、ウォルマートとの提携後も、本業の営業利益率がなかなか上がらず、経常利益が残らないという状態が続いたことはご説明してきたとおりです。

そもそも、ウォルマートというお手本がありながら、なぜそんなに時間がかかったのか？改めて振りかえって考えてみると、とにかく世界一の企業の言うことを聞いてそのやり方を真似ていけば、何とかなる。その情報システムや店舗レイアウトや売場表示といった、ハード的な設備さえ手に入れれば、そこそこ回復できるのではないかと、「誰もが待ちの姿勢であり、依存状態だった」からといえます。

私が最初の店舗で改革に悪戦苦闘している時、ウォルマートジャパンチームの運営担当者、ロン・メドラーノ氏が初めて私の店舗を訪れました。ポジションは運営部長の指導者ということで、運営部長ほか、地区部長も引き連れての来店でした。

「無口で厳しい指導をする今までにないエキスパット（米国からの赴任者で役職的呼称）」との前評判で、現場の清掃アルバイトから入って、地区部長や運営部長を経て後、西友の店舗運営の指導者として着任した人です。日系三世のアメリカ人で、外見はハワイの土産物店のご主人のような雰囲気ですが、目は鋭く口数も少なめの人です。私も少々緊張していました。

いつものように、店内をご案内した後、社員休憩室に張り出してある「安・全・第・一」の看板の下で、ロン氏と部長二人、それに二人の通訳と私で、合計６人でのミーティングが始まりました。

ロン氏は、「それでは、今日の店舗ビジットのレビューをする」と厳しい口調でいい、休憩室に張りつめた空気が流れました。そして開口一番、「この店長のレベルは一体どのくらいに位置するのか?」ということを地区部長に質問したのです。

私の店は、ご説明してきたとおり、本部から高いノルマを課せられていたので、予算達成率では全店中ビリでした。そんな訳ですから、何を言われても仕方がないと覚悟はしていたのですが、さすがにこの質問には皆が固まりました。

どのように答えるのだろうか? そしてそれをどう受け止めるのだろうか? そんな張りつめた空気を察知してか、休憩室に居合わせた他の社員やパートナーさんが、次々と気まずそうに、席を立ち去ります。

するとロン氏は「質問からくみ取って欲しい、私はこの店長に恥をかかせるためにこの質問をしたわけではない。もう一度質問する。この店は何番目なのか?」と少々、ニュアンスが違ったことを言ったのです。

その時、地区部長の口から、「上位に位置すると思います」という小さな声が発せられました。これは、前述した「本部からの表彰」をうける前の出来事です。こういう場と雰囲気なので、やむなく少し持ち上げざるをえなかったのかもしれません。冷めた言葉のように聞こえました。

するとロン氏は、「私は、アメリカとアジアのウォルマートの店舗ビジットをして多くの店長と話をしてきた。アメリカでもこれだけスマートに本体の情報システムを使いこなしている店長は見たことがない。出来ればアメリカのウォルマートの店長達に、この店の運営状況を見せてやりたい、そのレベルがこの店だと考える」と、手前味噌に聞こえるかもしれませんが、本当にそう言ったのです。

私に冷たくあたっていた地区部長が、「えっ！」と、明らかに驚いた表情をしたのは、今でも忘れられません。日ごろから成績最下位のダメ店長の烙印を押そうとしていたのに、それを完全に覆す言葉が返ってきたのですから無理もありません。

さらに、ロン氏は鋭い眼光で「他の店は言われたとおりにやっても結果がでない…と、不平不満ばかりをいうが、この店では誰も指示しないことにトライし、小さな成功を積み重ねている」と予期せぬ言葉が次々と出てきたのです。

この言葉で場の空気が変わりました。ロン氏がその後、日本に来て街中で普通に日本語で話しかけられて困ってることや、海苔巻き寿司が好きなことなどで会話は盛り上がり、「日本で手本となる店に来ることができて光栄だ、また、来てもいいだろうか？」と握手を交わし、店を後にしていったのです。

やるべきことは、どんなに微小でも数多くの成果を発見し、そのかけらを手のひらでかき集め、小瓶につめ、時と場合に応じて、自分たちのツールとして使い分けられるようにすることで、徐々によい結果につながっていく。その大切さをこのときかみしめることが出来たのです。

運用の要を押さえたものが全てを制する

「情報システムを使いこなしている店」と評価された話がでましたが、実際、その活用状況の如何によって利益結果は、大きく変わってきます。

小さな話に聞こえるかもしれませんが、情報システムへの「ログイン」は、そうした結果につながる大きな指標の一つです。ポイントは、その回数にあります。

もちろん無駄にログインしていても意味はありませんが、必要性で多くログインしている人や店舗ほど、その熟練度合いが上がる傾向にあり、実際、使いこなすことが出来るようになっています。つまり、ログイン回数の高い店舗ほど、使いこなして成果を出す確率が高いという考え方です。

前職では、各店舗にはテルゾンと呼ばれる携帯端末が10台ほどありましたが、これで、商品をスキャンすると、直近の販売履歴や値入率などが瞬時にわかります。なおかつ発注、値下げ、在庫管理、プライスカード印刷までその場できるスーパーツールです。店長はその黒色のテルゾンを持ち歩き、毎日駆使し、店舗のアブノーマル部分を点検するのが役割となります。

ときおり公表される、テルゾンの「全店ログイン回数ランキング」というものがあり、この月間トップ10には、私の店のメンバーが名を連ねてランクインしていました。当時は、高い数値目標を課せられていたこともあり、成績評価では常にビリであった私の店舗でも、こうしてランクインできる場面があるだけでも嬉しかったものです。

こういったやる気を引き起こしてくれる様々な粋な手法は、本当に心震わせられるものを感じました。もっと自分たちにできることは他にはないか？　ということを意識し始めたのはこの頃です。

その一カ月後、ロン氏から電話がありました。内容は「イトウサンの店での取り組みを全店店長会で皆に話してほしい」というもの。今まで、成績ビリで最前列に毎回座らされていた私が、もっと前の壇上にきて話をしろというのですから、本当に驚いたのを覚えています。幸いにして、数値は上向いていました。今までの取り組みの経緯と、その結果について20分ほど話をすることになったのです。

ロン氏いわく「ポイントは、出席者を絶対に寝かせないコトだ、何か案はあるか？」と。

えっ、それは必要なこと？　と内心は思ったのですが、ある意味これがグローバル企業であり、ウォルマート流ということなのでしょう。郷に入れば郷に従えということで、彼の考えた演出に乗ることにしたのです。

真夏の店長会でした。そこに黒づくめのスーツに、サングラスをかけてロン氏と通訳と私の3人で登場し、「メン・イン・ブラック」という映画のシーンを演じてのスタートです。ロン氏の持ち込んだ大型CDプレーヤーからBGMが流れ、皆は何が起きたのかとざわつく中、ロン氏との掛け合いで、私のパートの順番でプレゼンにはいると、聞き手の食いつきが全く違うのが手に取るようにわかりました。

これまで、何度か人前で話したことはありました。しかし、「ふーん」といった冷ややかな目線を浴びせられたことが多かったのですが、この時はまったく雰囲気が違い、皆が、「聞いてみたい」という空気になっていたのです。改めてそのパフォーマンスの重要性を感じたほどです。

2、人時生産性を活用した「ミッドナイト」戦略

売上ゼロでも儲かる深夜帯

小さな成果を集め続け、そこに、こうした出会いが重なったことで、店舗の人時売上高は少しずつ、結果を出すことができるようになっていきました。

次に着任することになった店舗は、これまでとは異なったタイプのお店で、3層1500坪、駐車場完備の郊外の中型店舗でした。店齢は35年と決して新しくはありませんが、人も乗ることが出来る荷物用エレベーターもあり、店舗施設も人材も充実していました。

同じ企業とは思えないほど、職場環境に恵まれた店舗ですが、売上は前の店の3倍あっても利益は半分と、人時生産性がひどく低い店舗だったのです。これまで取り組んできた手法を活かすことです。この店の人時売上はみるみる変わり始め、三カ月待たずして、軌道に乗せることができたのは自分でも驚いたくらいです。

前の店舗では人時売上を変えていくのに、3年以上かかりました。こう言っては何ですが、標準的な店舗施設と普通の人材が揃っていれば、こんなにも楽に進めることができ

るのか…と、実感したほどです。

　なんでもそうですが、余裕が充分あるうちから危機感を持ち、土俵際に追い込まれる前に手を打つことが、優位に戦うための秘訣と言えます。

　着任した店舗は、ＧＭＳ（総合スーパー）の24時間営業の第一号店舗であったことは前述しましたが、今でこそ、西友は24時間営業という収益モデルを確立していますが、当時は社内でも賛否両論があって、ここでも業務改革部による「推進派」と、地区部長による、「反対派」に分かれ混沌とした状況が続いていました。

　ここの店舗は、幸運にも希少な「推進派」地区部長のおかげで、業務改革部との連動がうまくいき、スムーズに24時間化を進めることができた店舗の一つでした。しかし24時間営業化で、深夜の人を採用確保して売上は上がったものの、業務改善が進まず、恒常的なコストオーバーに陥っていました。

　店舗環境に恵まれていた店ではありましたが、こうしたコストオーバーが起因し、欠品が増え、作業遅延で業務に穴が空くといった、店舗運営上の歪みがあちこちで生じていたのです。

　こうした場合、品出しなどの業務を深夜に移動させ、昼間の人時は削減させていくといった方策が有効なのですが、そう、文字で書けば確かに一、二行足らずのことなのですが、この具体実務や手順が分からなかったため、暗礁に乗り上げていたのです。

　そこで、早速この店でも、個別面談をスタートさせました。話を聴いていくと、すぐに深夜の作業が遅れてるといった声が聞こえてきました。そこで深夜の状況を詳しく知るために、翌週から深夜勤務を一週間通しでやってみることにしたのです。

　深夜勤務初日の21時頃、最寄駅を降り立った私は、途中にあった競合店の状況や、コンビニエンスストアの店内を見てから自店に向かいました。

　出勤時間まで少し余裕があったこともあり、社員の通用口ではなく、お店の正面から入って見てみることにしたのですが、入口入ってすぐの青果特価台は、収穫が終わったばかりのレタス畑のように、レタスの外葉だけが散乱していました。昼間は山積みのバナナもこの時間にはどこにも見当たりません。

　さらにメイン通路をまっすぐ進むと、右手にはお弁当やおかずがのある惣菜売場があるのですが、この時間の惣菜売場には、小さいパックの煮物のおかず５～６個が片隅に残っているだけ。そこから左に目をやると、ペットボトルやビールなどの飲料売場がありましたが、そこも欠品だらけで、昼間では考えられない「品切れだらけの無残な光景」が広がっている有様でした。

　店舗に向かう途中のコンビニには、所狭しと、おにぎりや弁当がこの時間にも揃っているのに、コンビニの何倍もの広さのある24時間営業の自店には、これしか商品がないのかと、目の前の光景に一瞬わが目を疑ったのを覚えています。

こんな状態で24時間営業をやっていたのかと思うと、店の経営に携わる者として、穴があったら入りたい、という恥ずかしい思いがこみ上げてきました。西友は、これまで何年も24時間営業をやっていたわけですが、夜間にお店を開けても「営業できる状態」になっていなかったことに初めて気づいたのです。

この日を境に、毎晩、時間帯別に定点観測の写真撮影を行い、この商品量をいくつ品揃えしてほしいといった「ミッドナイトレポート」を、朝7時にデイタイム（昼間勤務）のマネジャー各位にメールで送付するようにしました。

しばらく続けると、デイタイムの各マネジャーから、次々と改善のメールがくるようになり、深夜の商品が揃うようになってきました。こうして情報のやり取りをしながら深夜の売場ツアーを続けていったのです。

昼間の売上はあまり伸びなくても、深夜は、販売数量をしっかり確保するだけで、簡単に売れるマーケットが存在したのです。特に、金曜日の夜間ともなれば、客数が多く、ここを修正しただけで、夜間の売上は1・5倍にもなったのです。

深夜の本当の姿を知るものだけが利益を手にする

ご理解を深めていただくために、深夜営業について、このお店を例に少々詳しくご説明しますと、夜間は22時45分がスタートとなります。ミッドナイトマネジャーの号令で集合がかかり、全体作業の流れと業務項目ごとの指示が出されます。

レジスタッフの切り替えは、23時にデイタイムからミッドナイトメンバーに引き継がれ、その後、24時まではレジ３台が稼働しています。

よく、「深夜24時に３台開局？」と言われたりしますが、金曜日の深夜ともなると４台開けても足りないくらいの混雑ぶりも珍しくありません。深夜に、こんなに多くのお客様が来られる…ということを考えると、改めて、先のような品切れがあってはならないことを痛感します。

ミッドナイトマネジャーは、レジの交代を確認後、今度は倉庫に移動し、店着したばかりのグロッサリー商品の仕分けと、日配品の値下げ指示をします。

お客様が途切れる25時30分になると、先ほど仕分けされた商品を倉庫から移動させて、品出しの開始です。ここで全員を集めて、一時間で終わらせるための、「一括品出し」を行い、短時間で完了させていきます。

その後、休憩をとり、床、トイレの清掃を行っていきます。数時間後の朝の６時には、生鮮便が到着しますので、荷受けをして、コールドチェーンの鮮魚と精肉は冷蔵庫保管します。青果と惣菜のサラダ・お弁当、牛乳・パン…等の日配品の順番で品出しを行い、朝の8時には全ての品出しが完了することになります。

これが深夜営業の一連の流れです。ミッドナイトの作業においては、本日の入荷数量の確認から始まり、そこから割り出した、各業務の項目ごとにかかる予測たてていました。人員配置をノートに記録していて、朝の8時には完了するように、作業スケジュールをキッチリ組むわけです。

一方で、昼間の時間のデイタイム作業はといいますと、従来型の口頭で、各パートナーさんやアルバイトへ五月雨式に指示が出されていました。作業のやり方は各自に任されていたことから、特定の人しかできないものもあって、担当のパートナーさんが不在のときは、出来栄え、終了時刻にバラつきがありました。

そもそもデイタイムとミッドナイトの業務は、同じ売場なのですが、こうして指示の仕方や作業の流れもまちまちでした。そのうえ、24時間業務の流れを一枚の紙にまとめた作業計画も無かったために、業務の漏れやトラブルが頻発しなかったほうが、むしろ不思議であったといえます。

業務指示の多くは、店長や本部から昼間に出されることから、昼間やりきれなかった価格変更、チラシエンド準備、倉庫整理といったことまでが、ミッドナイト業務にいつの間にか持ちこされていたのです。

確かに、夜間にやったほうが効率的な業務もあります。しかし、夜間は人の数に限りがあるため、本当に夜間でしかできないことに絞らなくてはなりません。

昼夜問わず円滑に業務を回すためには、24時間すべての業務を調べ、ダブりや、漏れがないように一枚のタイムテーブルの中に、確実に組み込むことが重要なのです。このため、私は一店目と同じように、作業指示書を綿密に作り上げていったのです。

ここで、皆さんにお聞きしますが、深夜のパートナー、アルバイトというと、どういう人が集まると思いますか？

私もはじめは、正直いって不安でした。こんなことを言っては大変失礼ですが、昼間仕事にありつけない人、少々世の中の動きからずれている人がくるのでは？と思っていて、夜間の営業が乱れるのは、ある意味しかたがない…くらいに思っていたのです。

しかし、その認識は全く違っていました。前述のミッドナイトのマネジャーは、その昔、西友の大型店の課長経験者で、定年退職後応募してきてくれた方です。仕事の進め方や人の使い方はベテランそのものです。

ミッドナイトのサブマネジャーは、本業は某有名私大の准教授で、授業が少なく時間に余裕があるので、この夜間の仕事に応募してきてくれた方でした。結婚されたばかりで、小さなお子さんがいるので稼がなくてはいけないということから、時給が高く、深夜でも安心して働ける職場をさがしていたそうです。

他にも、女子高校の女性教師の方もいました。こちらも授業数が少なく収入が足りないので、夜間に女性が安心して働ける場所として、この仕事を選んでくれた方でした。また、同じ店舗の昼間の時間帯のパートナーさん本人から「子供を大学に入れるのにお金がかかるので時給の高い深夜に働きたい」と契約変更を希望された方もおられました。

こうした7~8名近くのスタッフが、毎晩ミッドナイトの店舗を運営にあたってくれていたのですが、昼間のメンバーと全く遜色ないというより、むしろ優秀な人材が多く揃っていたのです。

こういった、ミッドナイトの売場ツアーを定期的に行うことで、24時間で稼ぐための、作業指示書ができあがり、深夜を使っての、利益改善をすることができるようになっていったのです。

ミッドナイトには数え切れないほどのメリットがあります。なんといっても、深夜の時間帯はお客様が少ないため、品出し作業が短時間で行えます。また、朝の8時と終了時間が決まっているので、残業が発生しないことから、生産性も高くなります。

そもそも、深夜作業の目的は、朝一番の売場コンディションを完全にする為に、ミッドナイトでの品出しを試験的に行なったのがその始まりでした。

すすめていくうちに、どうせ照明をつけて品出しをやるのであれば、お店を開ければ、お客様にとって便利だし、売れるかもしれないということで、24時間営業に移行していったという経緯があります。

しかし、前述のように、売上が増えると同時に、人件費も増えてしまうため、結果的に「深夜は儲からない」というのが、それまでの定説となっていたのです。

私自身こうして、ミッドナイトの売場ツアーをしなければ、これほど多くのチャンスがあるとは、気づくことはなかったと思います。このあたりが、まさに応用というべきところです。また、課題を解決するツール「作業指示書」が使いこなせてなかったら、24時間営業で利益を上げられるモデルを創ることはできなかったと言えます。

例えば、「夜間は、人件費が１・５倍になるから割高になるのでは？」という声があります。こうしたとき、「貴社では１ケースあたり何分で品出しをされますか」とお聞きしますと、皆さんたいてい「えーと」と、考え込まれます。

仮に、あるお店で毎日１０００ケースの納品があり、それを１ケース60秒でやるとすれば、毎日１０００分かかります。人時換算すると約16人時が必要となり、時給千円だと、一日あたり1万6000円、年間だと約580万円の人件費がかかることになります。これを深夜の時間帯を使って1ケース30秒、つまり半分の時間で品出しができるようにすれば、たとえ、1・5倍の単価であっても0．75の時給単価となります。

こういうことが分かって計算できるようになると、実際に売上がゼロでも一店舗あたり、年間150万円ものコストを浮かせられるようになってくるのです。

当初は、社内でも「夜間は売れるわけない」とか「人が集まらない」、「夜間の人件費単価が高い」、さらには「夜中は危険だから」とかいう被害妄想的な意見までがでて、中規模以上の店舗では、なかなか進みませんでした。

この店舗で「結果」がだせる収益モデルができたことから、中型大型店についてもこのあと一斉に、24時間営業化を進めていけるようになったのです。

どの企業にとっても、一日は平等に24時間です。それをフルに活用できる企業が、優位に商売ができるということは、もう言うまでもないでしょう。

３、利益を増やすための「チラシゼロ化」戦略

１５００世帯の喪失

24時間営業が順調に回り始めると、「コストは下がり、売上は上がる」という、二つの収益パイプを太くできることから、利益率は大幅改善しました。気が付けば、いつも賑わいを見せていた、半径五百メートル商圏内にあったコンビニエンスストアが少し閑散としていました。

これならいけると、ミーティングでマネジャー達とガッツポーズをして喜んだのもつかの間、またもや大きな壁が立ちはだかりました。今度は、１キロ商圏内にある、１５００世帯の公団住宅の再開発が始まり、取り壊し退去によって、その世帯数がスッポリ無くなるという事態が発生したのです。

再開発といっても、十年先に大規模マンション計画があるらしい…というだけで、再開発事業者も未定の状態。いずれにしても当面、空洞のままになるだけは確かという、恐ろしい話だったのです。

このことは、毎月実施していた来店客数の調査を見ていて気づいたことです。これまで

好調に増えていた客数が、一転して二カ月連続で下がりはじめたのです。おかしいと思って原因を探っていたところ、この話を聞きつけたのです。

さっそく、その団地の様子を見に行ってみると、そこには、昭和四十年代に建てられた四階建て古い公団住宅が数十棟あったのですが、大半は人の気配が感じられない状態になっていました。

すでに退去が終わった棟には、工事現場でよく見かける黄色と黒のしま模様の鉄製のバリケードが張り巡らされ、立ち入り禁止となっていました。奥を見ると、何台かの大型重機が大きな音をたてながら、土煙をあげて動いているのが見えました。

目の前にある団地とともに売上が無くなると思うと、やるせない気持ちと共にため息がでましたが、将来的にはマーケットとして再び成長する地域になると信じて、その時着任された店長が、優位に戦える準備を今からやっておくことが大事と、気を取り直すことに集中しました。

面白いもので、この決意が、後にチラシをやめる決断につながっていったことを考えると、実に「ありがたい再開発」だったと言えるでしょう。

勝率が高いのはどちらの手法か？

人時売上というのは、「売上÷人時」が計算式ですから、数値を上げるためには、売上を上げるか、または人時を下げるかということになります。当時の西友としては、客数を増やして売上を上げていく手法をとっていました。

世にいう販促強化という、チラシの本数を増やし、日替わり目玉商品の価格を引き下げ、売上を上げるといった作戦です。しかし、ご多分に漏れず、最初の何回かはいいものの、経過とともにその効果は薄れ、忙しさだけが残るようになるのは火を見るよりも明らかでした。

冷静に考えてみると分かるのですが、最初の店舗も２つ目の店舗も同じで、販促強化で売上が伸びるというのは、ほんのわずかな期間しかありませんでした。想い起こせば、これまで自分が関わった店舗や地区で、前年売上をクリアした年という記憶はほんのわずかだったことを記憶しています。

まして、全社の既存店が増収したという話は、この時点では十年以上も聞いたことがありません。つまり、西友では、前年比で売上を伸ばして人時売上をあげるという、極めて勝率の低い手法を、ここでもさらに繰り返そうとしていたのです。

その結果、各店舗の作業量は増えて人件費が増大する事態となり、人時売上どころではない状態となっていたのです。

いま、各企業をお手伝いさせていただいて分かるのは、こういったことは決して西友だけの問題ではなく、どこのチェーンでも同じような問題を抱え、人時売上が上がらないと悩まれている企業が実に多いということです。

これから、儲かるチェーンストアとして、「人時売上の高い企業を目指す」ためには、この上手くいかない「販促強化策」をやめ、成長するための原資を確保していく「新たな収益パターンづくり」を優先しなくてはなりません。

これを一言でいえば、今やっている業務を各店舗ごと、現状人時の6割〜7割で運営できる仕組みを、何よりも先につくることが大事ということです。

当時、その裏付けをとるために、私の店では「チラシの生産性を上げる」作戦に着手していました。チラシに関わる人時は膨大であることはすでに調査が完了して分かっていたため、密かに会社の方針とは正反対の異なった手法を導入していったのです。

その手法とは実にシンプルで、チラシ商品をあえて必要以上に売り込まず、できるだけチラシとは関係しない「月間重点商品」を店舗で独自に設定して、その売上シェアを上げるやり方を進めていったのです。

「えっ、そんなやり方で、売上があがるんですか？」というご質問をよくいただきます。

ここで押さえておいて頂きたいのは、目標は「売上ではなく、人時売上」だという点です。人時売上、つまり人時による生産性の引き上げとは、純粋な売上アップではなく、生産性による効率アップです。

簡単な話、ざっと粗利20％の商売なら、売上を10％落としても、コストが３％下がれば、「減収増益」は可能となります。１００の売上に対して、売上を10％・粗利は２％減少するも、８割を占めるコストで２％以上、下げれば残る利益は多くなるという計算です。

そのくらいは、優れた作業指示書を使いこなせれば十分、達成が可能と判断しました。幸いにも売上はそこまで落ちることはなかったので、人時売上は二ケタ改善を実現できた上、結果的には、二期連続増益となりました。

客数が望めないという予測が早くわかったからこそ、そのような少ない人時で店舗を運営する方法に早期に着手し、変えたことが功を奏したといえます。

「そんなことだったらチラシの意味がない」という声も聞こえてきそうですが…、これについてはおっしゃるその通りで、後に全社でチラシを止めることになったのは、チラシが無くても、利益が出る店づくりにこの時すでに着手していたからといえます。

なぜチラシ価格競争からの脱却が必要なのか

これまでは、人口の増加により、多少、粗利益率が低くとも、人件費がかかろうとも、客数増と売上増に頼った経営が可能でした。言ってみれば、実質単なる「膨張」であっても、対前年比との差で収益とすることができたわけです。

また、売れる店舗が売れていない店舗をカバーすることで、チェーン全体で利益を残すことも当然のように行われてきました。これも市場全体が大きくなっていたからこそできていた手法です。

しかし、前述したとおり、経営の基本環境は大きく変わってしまいました。人口減が加速する時代には、客数減と働き手の減少（賃金増）というダブルパンチが、これまた加速度的に厳しさを増してきます。同じ経営手法を展開していれば、確実に苦しくなっていくことは明白です。

かつて、私のいた店舗のように、老朽化で戦えなくなったり、世帯数が消滅したりということは、どこでも起きうることで、順風満帆で商売ができる地域など、もはやどこにもありません。

大事なことは、客数が減ってコストが上昇したときに、どういうパターンで利益を増やすモデルを組み立てていくか?ということになります。

そのためには、業務の効率化、もっと言えば業務量を減らしていくことが欠かせないのですが、どの業務から減らすべきかが、皆目見当がつけられていないのです。ここがポイントで、だからこそ、それぞれの業務が利益になっているかどうかを、まずチェックすることが必要となります。

こうしてチェックしていくと、業務量が減らない原因のひとつに、チラシ販促の存在が必ず見えてくる事になります。チラシ販促には様々な問題があるのですが、中でも一番の問題は、ハイコスト経営にならざるを得ないということです。

「ウチは、チラシコストは安くやるようにしている」という声が聞こえてきそうですが、チラシを安く作っているかどうかが問題なのではありません。

チラシを入れ続けて、利益は増えていますか？という問題です。この点をお聴きすると言葉に詰まる方が大半です。「ライバル店がやっているからやめられない」というのが本音で、現状の売上を維持するのが精一杯というお店が大半でしょう。

チラシの制作コストは一旦、横においておくとして、ここでお聞きしているのは、チラシ訴求に伴った店舗作業のコストです。エンドの商品陳列、ＰＯＰの取り付け、価格チェック、そして期間終了後のＰＯＰの取り外し…といった作業は必ず発生することになりますが、この作業コストです。

チラシ掲載アイテムは簡単に品切れさせる訳にはいきませんので、多めに発注をすることになります。仮に、1割ずつ増やすとすれば、セール終了後に売れ残った在庫を定番に戻したり、値下げ処分する、後作業も発生することになります。

チラシ訴求のその期間は、売場の8割を占める定番商品でも発注量を増やす訳ですから、その品出しの人時はさらに増えます。そして、チラシ訴求日に客数が増えることを想定したレジ増員人時です。

こうしたチラシ商品、定番商品、レジの増員の人件費は、「確実に出ていく経費」となります。大事なことは、この出費に対して、見合った売上利益は確実に獲れていますか？ということです。

この一連の行為ですが、語弊を恐れずに言ってしまえば、わざわざ作業を溜め込んでおいて、カンフル剤を買ってきては、無理やり人を多く集めて一気に処理をしようとするようなもの…ということです。

普通に毎日やっていれば無理なく簡単にこなせることを、**人がドッと押し寄せるという興奮が忘れられず、無理やりお金をかけてムダな作業を増やしておいて、必死に処理する刺激を求めている**…ということです。

そんなことはない！と抵抗される経営者の方は本当に多いです。こういうのはいくら理屈で説明してもなかなか理解いただけませんので、一度でいいので、実際に自社の店舗で調査を実施してみてほしいのです。

実際、私が店長のときにも店で実施しましたし、関わったクライアント企業でも必ず実施してもらっています。店舗でかかる人時を、「発注」、「仕分け」、「品出し」、「チラシの準備」、「清掃」…といった大きな項目に区分けし、可能であれば、24時間通しての調査をするのです。

そこで分かることは、会社が戦略としてとっていた「販促強化に関わる一連の作業人時」は、全作業の３割に対して、その売上構成比は１割にも満たないという驚くべき事実です。言い換えると、「10％の売上アップのために、人時（人件費・作業量）を30％もアップさせていた」ということです。

ちなみに、チラシは入れたからと言って、確実に売上が上がるかどうかはわかりません。一方で、赤字の業務を減らし、業務時間を圧縮してコストを下げることについては、この効果は確実にでます。

つまり不確実なことを止め、確実に利益がとれることに力を再配分することで、収益を確保し、さらには上げていくことが可能ということなのです。

チラシに対する戦略をどう変えていくか

チラシをやめるとき重要なことは、「ただ単にやめればいいというものではない」、という点です。例えば、仮に、チラシ訴求を止めるとなると、エンドプロモーションをどうやっていくかという問題がでてきます。

というのは、チラシ訴求が無くなると、店舗では何を売りこんでいいかわからないために、エンドやプロモーションコーナーが、ガラガラになり、そのために売上が減る、ということが起きます。長年、全ての企画をチラシに頼っていたため、チラシそのものが販売計画書のようになっていたのです。

チラシはテーマ別、売場別に括られて表現されているので、それがあればエンドやプロモーションコーナーは作りやすいといえます。

本来は、店ごとに売れる商品は異なるはずですが、それを区別なしにチラシでひとまとめにして扱う「十把一絡げ」のやり方に依存すればするほど、店舗の販売力は低下していきます。

そうしたチラシを中心とした店舗オペレーションを何十年もやってきたことで、売場が主体となって売上をつくる力が弱体化しているのです。チラシが無いと売場運営が出来ない、重度のチラシ依存状態となっている訳です。

ちなみに西友でも、チラシを止めるための議論やテストは、何十回もやりましたが、常に見送りされてきた経緯があります。

チラシをやめれば売上が下がる恐怖に加え、宣伝販促部としてはチラシ販促がなくなると、仕事がなくなってしまいます。地区部長も売場づくりができなくなり、売れない理由をチラシのせいに出来なくなってしまいます。どちらも自分たちの立場がなくなるわけで、強硬な反対派となります。

社長から「チラシ効果を検討しなさい」といわれながらも、調査して結論を出すのが、この２つの部門であったことから、永遠とチラシ訴求が繰り返されていた本当の理由が、本部に来てようやく分かったのです。

一方で、業務改革部では、人時売上高から仮説をたて、「チラシはコストが掛かるだけで、その収益力はない」とすでに検証を終えて結論付けをしていました。

これまでのチラシ中心のエンドプロモーションのあり方を「定番売場の延長」と改め、月間特売や、店舗で設定した重点商品を陳列していくことにしたのです。

そのエンドモデルパターンは、商品部がガイドをつくり、店舗はそれにもとづき、各店で重点商品の商品発注を行いエンドプロモーション展開をしていくオペレーションに変えていったのです。

このことをお話すると、経営者の方々から、「1カ月も同じ商品を積んでいたら、お客さんが飽きてしまうのでは…」という声が必ずといっていいほど上がります。皆さんすかさず、「どこの誰が、飽きるのですか？」とお聞きしますと。皆さん「うっ」と言葉に詰られます。

「売場に飽きる」というのは、売り手の感覚・都合であることが大半です。お客様にしてみれば、欲しい商品がいつでも同じ場所にあったほうが見つけやすくて買いやすかったりします。本当にお客様の感覚・都合を考えるのであれば、週に何回もエンドを変えるのは、実に不便なことにほかならないのです。

ちなみに、実際に、対顧客店舗コンディション力を測るための顧客満足度調査をやると、「おすすめ商品のわかりやすさ」という評価は、こうして売り込み商品の売場を固定すればするほど評価は上昇します。これが現実です。

つまり、お客様は飽きているのではなく、重点商品を見つけやすいエンド展開することのほうが、お客様の心にきちんと売場が刻み込まれているということです。

重要なことは、決して単なる「思いこみ」で判断せず、必ず調査を実施しながら決めていくということです。

ネット企業とのモデルの違い

とにかく、チラシに関しては、長年にわたって染みついてきた「チラシをやめる＝売上が下がる」という恐怖が本当に邪魔をします。言ってしまえば、ご説明している意味を「理解したくない」という感覚で、ほとんど拒絶反応的に聞こうとしない経営者の方も、決して少なくありません。

だからこその応用なのです。日本中のお店が未だチラシをばら撒き、次はネットだと、これまた膨大な人時を使って同じことを繰り返しています。

ネットは販促コストが安いと、盲目的に信じている人が多いのですが、もし、単にチラシ販促の思考回路でネットを使っているとしたら、それは単にチラシを安く刷っている…という、その延長でしかありません。

チラシ販促と同様、商品陳列や値札差し替え、目玉商品の積み上げ…といった、店内で発生する作業はなんら変わることはありません。単純に、チラシの印刷とばら撒き代がネットの広告費になってその分が安くなっているだけです。

店舗型の小売サービス業が、この点をしっかり理解せずにネットに手を出すと、本当に痛い目に逢う事になります。

ネットをベースに成長してきた企業は、基本が通販に近い収益モデルであり、店舗型の収益モデルとは違うのです。

ここはウォルマートもネット企業を買収して、今新しいモデルを構築中ですが、本質的な違いは想像以上に大きく、単にネットを案内手段にしか使えていない企業が余りにも多いのです。その結果、コストを下げているつもりが、店内を大混乱させて、余計に人時を増やして利益をすり減らしている…というケースに陥るのです。

ちなみに、本家のウォルマートには「チラシを無くす」というノウハウはありません。理由は単純で、「もともとチラシ販促をしていなかった」からです。無くすもなにも、もともとやっていなかったため、そうしたノウハウがないのです。

このため、「チラシをゼロにしていく」手法については、試行錯誤の中から編み出していったものになります。理屈では、ゼロにすれば人時で儲かる…と計算が立っていても、それ以外の要因、例えば「最近チラシを見ないようになったけれど、そろそろ店終いでもするのでは？」といった変な口コミがでたらかえって逆効果となります。

店が元気に活動していることを示しながら、徐々に無くしていくタイミングをはかることが重要です。難しいことですが、その分、効果が非常に大きい応用策がチラシゼロ化ということです。

いずれにしろ前時代の拡大思考が、正常な判断の邪魔をします。当社のセミナーにお越しになられて、初めは腕組みをされて首を横に振っていた方が、詳しく説明を聞かれた後、「先生、やっと自分の間違いに気づきました。一刻もはやくウチにきてくれませんか、お願いします」と、目を潤ませ握手を求めてこられた方も、何人もいらっしゃいます。ようやく思考の呪縛から解き放たれたからです。

チェーン全体でローコスト経営を実践し、その先の個店力最大化を実現していくためにも、基本を積み重ねながら応用へのチャレンジに、ぜひ進んで頂きたいと思います。

第6章

個店力最大化で実現する長期繁栄への道

1、改革を続ける仕組みで長期発展を実現していく

成長の連鎖を引き起こすために必要なこと

業務改革が進み、人時売上が上がってくると、不思議なことが起きはじめます。これまで、忙しい、忙しい、人がいない、人がいない、と言っていた店長やマネージャーなどが、一変し、「人は余っているので、もうこれ以上いらない、出来れば、人を抜いてほしい」と言い始めたりします。

実際これは、西友で起きたことです。しかし、人が余ってしまうからと言って、簡単に早期退職をやるわけにはいきません。人手が足りない会社からすれば、贅沢な悩みに聞こえるかもしれませんが、現実的にはムダな経費をみすみす払いたくありませんから、何かしら対処が必要になってきます。

このときには、「業務改革で人が余っている」旨を、CEO主催の会議の席上でこちらから報告をすることにより、新たな動きがでてきたのです。

ある日、会議が終わった後に、開発部門執行役員の、ピーター・シャープ氏から一通のメールが届きました。「イトウサンの報告をうけ、店舗の余剰人員たちを開発部門で引き

受けたい、まずは30人くらいで、将来的には１００人は欲しい」というのです。

直近では、新店は凍結していましたし、逆に不採算店舗は、一斉に閉鎖したばかりという時期です。「いったい何をやろうとしているのだろうか？」と、不思議に思ったものですが、当時は皆目、見当がつきませんでした。

ピーター・シャープ氏は、オーストラリア人でウォルマートの国際部門から、西友の開発本部の指導者として、提携直後より日本に赴任していました。

白人で金髪、まるで映画俳優のような二枚目で、いつもワイシャツの第2ボタンをはずし素肌に着こなすといった、チームメンバーの中でも最も目立つ存在でした。

一方で、着任当初から、強権的な発言で有無を言わせないやり方をすることも有名で、店長仲間からは恐れられていた人物でした。

私が店長の時にも店舗に訪れたことがありました。店舗が改装を終え、1カ月が経過したところ、通訳の女性と開発部の部下数名を引き連れての来店でした。

いつものように店内を説明しながら、案内をしていると、壁面什器の商品が「品切れ」している状態をみて「なぜ、ここに商品が陳列されていないのか？　この什器を上手く使わないのなら撤去し他店にもっていく」と言ってきたのです。

そして次の瞬間、彼は、蜘蛛のように膝をついて床を這いつくばり、什器の下をのぞき込み何かを探しだしました。そこに、一個のフック什器が落ちていたのを見つけ、手に取るなり床に投げつけ「この什器を、なぜ余らせているのか？　この店の改装のために投資した資金をこのように扱うのか？　什器を無駄にするなら直ちに、改装什器を撤去して、改装前の状態に戻す」と、にらみを利かせながら大声で言ってきたのです。

その大声が鳴り止むもない間に、彼の部下たちは店舗レイアウトの図面を拡げ、その場で端から端まで、改装後、棚板やフェイスを、店が勝手に変えていないかどうかを、一斉にチェックし始めたのです。

大声と投げつけた什器の音に、店舗のマネジャーやパートナーさんもビックリです。これは少しまずいなと思い、「ピーターさん、せっかく改装投資をしてもらったのに、品切れと什器を放置しておいたのは、すべて私の責任だ。すぐに修正するので、許してほしい」と頭を下げ、「ただし、ここは私の店だ、什器を投げつけるのも、大声を出すのもダメだ」とキッパリ告げました。

すると、言い返した私の顔をにらみつけながら、「どこの店にいた？」と聞いてきました。私は、「ジャバラ式エレベーターの店からきたイトウだ」というと、きょとんとした顔をしたかと思ったら、突然、「あの店長会のスピーチは、実に良かった感動した！」と態度を軟化させたのです。

新設する専門部署の役割

どうやら、先般の私が表彰を受けたときの店長会の話を聴いていたようで、「日本に来て、様々なことにチャレンジし、ハッキリ言いきった店長はイトウサンが最初だ」といって、休憩室に向かう途中の自動販売機で、温かい缶コーヒーを２本買ってきて、私に１本手渡してくれたのです。

休憩室で、コーヒーを飲みながら、ピーター氏は、「もう日本にきて６年になるが、お金をかけて改装をしても、それを活かして儲けようとしていない。それどころか、その効果を見る前に、勝手に自分たちの都合のいいように動かしてしまう。そこでいつもこういって注意喚起をしている」とのことだったのです。

その後、二人でもう一度、ゆっくりと店内をまわりました。

「この状態を修復するのに、どのくらいでできるか?」と聞かれたので、一週間で修正するので、もう一度店舗に来てほしいと伝えると、「分かった、またお会おう」と握手を交わし一行は、店を後にしたのです。

私が店舗運営本部に来てからも、それ以来、ピーター氏とは話すことはなかったのですが、彼からのこの一通メールで、打ち合わせをすることになったのです。

話を聴くと、これから店舗改装を積極的にやっていくにあたり、「改装専門の部隊」を作りたい、という相談だったのです。

今後、毎年30~50店のペースで改装していくとなれば、それなりの資金が必要となる。それを機動力をもって、かつローコストでやるには、今まで外注してきたことを、自社でやるというプランを実行する時がきた。そこで、副店長、マネジャークラスの人員を店舗から欲しいということだったのです。

「改装を自社でやる」と申し上げましたが、少し補足しますと、これまでは、どこの企業でもそうですが、改装のたびに業者とプロジェクトを組んでやってきたものを、社内で専門チームをつくり、パッケージ化して、定期的に店舗メンテナンスを行っていくというものです。

目的は、店舗の老朽化防止と業務改善を同時に、周期的にやっていくためです。言いかえますと、自社化することで、最短工期のミニマムコストで、収益アップできる改装を高品質で連続的に行っていけるということです。

新店も含め改装は、全社の資金繰りと密接に影響してきます。経常利益3%を上げ続けること…を先に申し上げましたが、店舗の改装は店舗コンディション力を高めるためにも必須の施策です。ここが自社化できれば、有利になることは間違いありません。

しかし、店舗数が多い場合、当然ですが改装も同時に、何十店舗も並行して行うことが求められます。ここで必要となるのが、現場監督です。この人材を育成することで始めてこの新部門は活きてくる訳です。

あわせて今まで、売場しか経験のなかった人材に、改装のマネジメント力を身に着けさせることで、多能工化し、人材価値をも高めることとなります。

店舗にとっても、実務を抱えながらの店舗改装は本当に大変でした。工程管理や、内装、重什器、什器の配置、商品陳列まで時間内で収束する専門部隊は、絶対に必要な部門であることは、強く認識していました。

そういう意味では、店舗のことを知っている人間が、現場監督となり、改装を進める、改装セットアップチームの役割は大きいといえます。

詳細が分かったので、その件について了承し、人事部を交え、さっそく動き始めました。人材を確保して異動させ、改装セットアップチームとして立ち上がった後、店舗改装・出店に欠かせない主要部隊として活躍することになりました。

こうして、店舗作業を減らし、本部の新設部門を設置することで、新店改装が自社のタイミングで自由自在にできる組織が整っていくことになりました。これは実に大きな効果をもたらすことになりました。

西友は、いつでも好きな時に欲しい分だけ買える店。24時間３６５日を謳っているため、改装で休むことはありません。

改装は企業側の都合であってお客様には関係ありません。まして休むとなれば、不便をかけるわけです。そのためには、夜間の突貫工事ができる、自社改装セットアップチームが何としても必要だったのです。

これによって、休業期間中の減収が防げることになりました。アブノーマル数値の会議内での言い訳も必要ないので会議も短くなります。

店を閉めない、明かりを消さない、この企業姿勢を実現させるための、本部人員強化戦略は、店舗だけでは実現できないことです。

店舗の業務を減らすことで、少ない人員で店舗を運営し、発展成長させていくためのこうした、新たな組織を本部で作ることは、企業収益力を一層高めるためにも、本当に重要なことなのです。

改革を成功させるための秘訣

独自の新部門をつくっていくことをお伝えしましたが、一点、極めて重要なポイントがあります。それは、決して他社をモノマネしない、そしてやたらに聞きまわらない…ということです。

経営者の中には、何かあればすぐに、「情報交換しましょう」などと言って、取引先などに競合情報を聞きまわる人や「同じ業種で上手くいっている事例はありませんか？」と尋ねてくる人もいます。

考え方は色々あるので、そういった方々にとやかく言うつもりもないのですが、弊社にご相談に来られた場合には、「そんなことは無駄ですからやめた方がいいですよ」とだけは、ハッキリお伝えすることにしています。

世の中のニーズがありそうなもの、儲かりそうなものを聞き回って自社に当てはめようとすることは、自ら成長の道を断とうとしていることに他ならないからです。

何を言っているんだ？と思われるかもしれませんが、本当の強さは、自ら作り出していく以外には、決して手にすることはできないからです。

例えば、トヨタの現在の屋台骨を支えている「ハイブリッド車」は、トヨタが誰に言われるのでもなく自主的に開発を進めたものです。

プリウスが世に出る前に、誰も「ハイブリッドの車が無くて不便」とか「電気で動く機能がないと不便」などとは言っていません。それどころか、当時「ハイブリッド車が出たら買いますか？」という質問をしたら、「今の車で不自由していないから要らない」とか「値段が安いならともかく、高いなら要らない」といった反応が大半でした。

知らないものに対しては、欲しくもなければ興味を持つこともないのが、人間の性だからです。

西友の例でいえば、そもそも「深夜にスーパーが開いてないと不便」とは、誰も言っていません。もし、24時間営業をやる前に「深夜のスーパーがあったら利用しますか？」と質問したとします。使ったことのない人は、「コンビニがあるし不自由していないから要らない」「昼間しか買わないから必要ない」といった反応を示すことでしょう。

どちらも前評判では誰も支持していません。そしてどちらの企業にも共通してることは、**「誰も考えたことがない需要に対して、自ら必死で考えぬき、先行投資を行ってものにした」**と言う点です。

多くの企業が追随しますが、先行者利益が大きいことは言うまでもありません。独自の自社が培ったノウハウがあるからです。西友では、それがEゾーンの標準体で利益をだす仕組みとなり、独自の強みを発揮する柱となったわけです。

そういう意味では、戦略人時への取り組みも同じで、まともに使ったこともない道具に対して、「使わない理由」や「欲しくない理由」を聞き廻ったりすることは極めてムダなことです。

また、マスコミ情報を鵜呑みにして、「人手不足が不振理由」とか「GMS業態は衰退産業」「これからはネット通販の時代」といった、「いかにも的な情報」に振り回されていては、大事なことへの取り組みが遅延するだけです。

過去、西友もそうした一社であったわけですが、グローバルというスピード感や多様性に触れていくなかで気づかされるわけです。

衰退チェーンが、やらない理由を一つ思いつく間に、
成長チェーンは、やる理由を一つ思いつき、その差は２になる。
衰退チェーンが、やらない理由を２つ思いつく間に、
成長チェーンは、やる理由を２つ思いつき、その差は４となる。

差は広がるばかりということです。

どんなに素晴らしい仕組みやノウハウがあっても、単に、情報をとろうとするだけなのか、自らが真剣に考え主体的に動くかどうかということで、その差は倍々と広がっていく事実を目の当たりにし、初めて気づくことができたといえます。

2、業務改革プログラムこそ成長継続の起点

社長みずから業務改革の旗を振れ

当社では、たくさんのご相談をいただいていますが、会社に伺った際、「これまでの業務改革の取り組みとか、資料などはありますか?」とお聞きすると、たいてい見せて頂くのが、パートアルバイトのシフト表を少しいじった感じの、事実上は単なる「スケジュール管理表」だったりします。

もちろんこれが「何もしてこなかったので…」ということであれば、問題ありません。しかし時には「作業指示書」や「人時計画表」といった表題書きがされているのですが、よくよく伺ってみると、担当者がどこかで貰ってきたという表を、自己流でアレンジしてやってみている…といったケースがあります。

念のために申し上げておきますが、何千万円はおろか、何億、何十億円といった利益に変わる話です。これを、適当に見様見真似でやろうとしたり、担当者任せでやらせようというのは、どういうおつもりですか?　ということです。

社員という立場からすれば、基本的に自分が貰っている給料からしか物事の価値判断を

しません。本人からすれば、金額に対する極めて大きな尺度だからです。

このため、現場にしてみれば、どこかで使えそうなツールを探してきて、実務の中で手直ししながら使いこなしていければは、最もコストをかけずに上手にやっていると、自分は会社に貢献していると信じて疑わないのです。

しかし、その結果は、莫大なムダが放置され続け、時間が浪費され、知らぬ間に確実に会社を傾けていっているのです。先に申し上げましたが、「遅れた日数×全社員の人件費」が、確実に銀行から消えていくのです。

あなたの会社には、何人の社員さん、パートアルバイトさんがいますか？
１カ月の総額人件費はいくらですか？
１年遅れるとそれはいくらになりますか？

本当に計算してみてください。どれだけ恐ろしいことか、そして間違った判断をしているか、スグに分かると思います。

そもそも、社員である担当者自身が「自らの立場が危うくなるような改革」を率先して進めると考えるほうが、どうかしているということです。

業務改革とは、経営戦略です。経営者が旗も振らず、ゴールも決めずに現場任せにし、部分的に使えそうなツールをあてはめ、表面的にやろうとすればするほど事は悪化していくことになります。

大切なことは、経営者としてしっかりとした方針を定め、実施していく具体的な内容を皆に見える形にすることです。業務改革におけるプログラムを打ち立て、それを実行していくことが長期繁栄のためには何より重要ということです。

体系化されていない、カイゼンは単なる思いつき

実際に、業務改革を進めるにあたっては、これから実施する内容や工程について、関係する皆に筋道をたてて示せるように、「論理的に体系化」しておくことが絶対条件となります。一つの考えに基づいた一貫性がなければ、年単位で改革を進めていくことは不可能ですし、皆が勝手な思い込みで進めてしまったり、すべての施策が行き当たりバッタリ、もっと言えば、その場しのぎの対応になってしまうからです。

その場しのぎがどれだけ無駄になるかは、もうご説明する必要もないでしょう。業務改善が進まない企業は、すべて「単なる思い付き」で実施しているのが原因と、断言しても差し支えないほどです。最初の方針づくりから体系化をせずに適当に開始してしまうとこ

ろに、すべての問題が隠されているのです。

社長の頭の中にある、経験や勘といった暗黙知の部分をしっかり組み込み、自社が取り組む、業務改革の内容を分解・再構築しながら、「文章化、書類化、工程化…」といった作業が、遠回りに見えるかもしれませんが、必須のことなのです。

具体的には、「業務改革方針書」、「作業指示書」、「レイバースケジュールプログラム」の、少なくとも３つをしっかりつくりこむことです。これが根幹だからです。

当社では、これを「改革プログラムの基本3点セット」と申し上げていますが、そういう意味では、いつもクライアントの社長さんに、「体系化されていない、カイゼンは単なる思いつきですよ」と申し上げています。

こういったことを怠れば、パートナーさんはじめ社員の方々からすればカタチも見えず、いつもの号令にしか聞こえないだけに、「また社長が、思いつきで何か始めた…」とか「どうせ、長続きしっこない」、「現場が混乱するだけだから本当に迷惑」といったマイナスの感情しか出てこないからです。

成長企業に共通することは、「自分達がやろうとしていることをしっかり理解している」ことに加え、「自らがやってきた手法や技能について、客観的かつ論理的に理解している」という点です。だからこそ、効果が出るのも速いのです。

衰退する企業は、常に場当たりで判断基準は目の前の出て行くお金。運と勘に頼っているため、つまずいても何を直していいのかわからず、低迷が続く上に、延々と同じ過ちを繰り返すのです。当然、何かやっても効果は一時的になります。

はっきりしていることは、実際に使うことのできないツールを現場に入れれば、たちまち、店舗の人件費は大きく膨らんでしまうということです。これでは本末転倒です。

むしろ、順序立てて考えていくことで、人時売上は想像以上に経営の様々な要素が入り組んでいることが分かるようになります。ここを理解することで、あらゆる面の利益構造をコントロールすることが出来ることになります。

利益面で言えば、新規出店や改装をやるときは、当然ですが出店計画や改善投資計画書を必ず作成すると思います。ところが、人時生産性改善となると、その企画戦略はおろか計画書すら作らず、いきなり「あれやれ、これやれ」と指示出しが始まったり、中には、何も調査せずに作業指示書づくりが始まったりします。

冷静に考えてみて欲しいのですが、**業務改革や人時生産性の改善は、新規出店や改装よりも、収益効果は遥かに大きい**という事実です。このことを本当にご理解いただきたいのです。

本物の成長を実現するために

西友は、ウォルマート傘下に入って上場廃止してからは、企業情報が外に出ることがなくなったため、誤解を受けている面が少なくありません。

「アメリカ流の安売り手法は日本では根付かない」とか「24時間営業は失敗」、「利益が出ていないから身売り」…といった様々な記事がこれまでにもたくさん出ました。

個人的には「調べもしないでよく書けるな…」と思うのですが、マスコミは、残っている十年くらい昔の情報とか、店の表面的な事や、左遷された人のタレコミ情報などを元に、憶測の記事を都合よく書き立てたりするのですが、およそ実態とはかけ離れているケースが非常に多いのです。

ですから、そうした記事を見るたびに腹立たしい思いをしたのですが、不思議なことに、ウォルマートは特にこれらの情報に対して、ほとんど干渉しませんでした。「言わせておけばいい」という感じです。当時はこれがよく分かりませんでした。

ちなみに、私が店舗運営本部に着任した当時、西友の人時売上は、各国ウォルマートの中で、最も低い位置にありました。

しかし、本書でご説明してきたとおり、業務改革が進んでいく中で、当時トップであった英アズダ社の人時売上を抜き、西友は全世界のウォルマートグループの中で、人時売上世界一を更新し続けるにまで至りました。これはれっきとした事実です。

毎週人時売上が各国で共有されるたびに、「エクセレント！ この改善努力は素晴らしい！」と、米ウォルマートCEO、リー・スコット氏から祝電メールが届くのには驚きましたが、これにさらに触発されて改善を重ねていったのです。

ウォルマートグループの企業は実に貪欲で、「日本の西友がトップになった」とさっそく話題になり、その秘訣を知りたいと、世界各国のグループ企業から次々、国際TV会議のリクエストが来ました。時差があるため、連日深夜からの国際TV会議に出ることもあり、眠たい目をこすりながらも、必死に説明したことを覚えています。

また、これも、今だから言えるのですが、ウォルマートは西友に対して、提携から6年を経過した段階でも、EDLP・エブリデーロープライスの本質的な仕組みづくりについては、まだ理解できていないと、見せかけのEDLPを語ることを固く禁じていました。簡単に言えば、「分かったふうなことを言うな」ということです。

私はこの火中の栗を拾う、いわば先導役を担うことになったわけですが、苦難を越えて7年目、ついに、黒字化に手が届きました。

西友は、年度初めに毎年全国から3千人以上が集まる、「イヤービギニングミーティング」という大会を開催しています。功労者表彰と経営方針発表を兼ねており、一年間の活動で、最優秀店舗や好事例に取組んだ人を表彰する一大イベントです。

ウォルマートでいう株主総会をイメージした社員集会の西友版といったもので、肩ひじを張った会議ではなく、ミュージシャンを呼んでショーアップしたり、商品展示会や各主管部からの年度方針プレゼンテーションを行い、毎年、本部が主体となって趣向を凝らしたものを作り上げています。

ここで発表された方針は必ず実行することになるので、また一年後、取り組み結果について報告がなされ、5年10年後の将来に向け、次の1年のスタートが始まる訳です。

各店からはその年に一番貢献した優秀対象者が参加し、主管本部のメンバーも参加します。その年、3千人のミーティングの壇上で、私は、ローコストペレーションによる業務改革戦略を伝え、それを皮切りに店舗運営本部と商品部を中心とした、名実ともに商販一体型によるEDLP戦略に、舵をきることが出来ました。

一つのボロボロの小さな店舗からはじまり、小さな成果をかき集める活動を続け、それを本部の業務改革チームが、取り上げ培養し、創ってきた収益手法がここではじめて承認されたのです。

そして、その年の3月の第2週、本部朝礼でマイクを握ったCEOのエド氏より次のメッセージが出ました。

目標値には届いていなかった。
しかし、歴史の１ページを塗り替える力を
発揮してくれたことに敬意を表し、
業績賞与を出すことを決定した。
これからもひとつひとつを尊重し、
ともに会社を成長させたい！
皆さんのすばらしい活動と、
それを支えてくれた皆さんの家族に感謝します！

朝礼は、みな歓喜の声と拍手の渦となりました。

皆が手と手を取り合って喜びあいました。

金額は僅かでしたが、10年以上給与がジワジワと減り続けた中で、提携後7年目にしてはじめての賞与が出たのです。

これをきっかけに毎年業績賞与は増えていき、ますます社員はがんばるようになりました。先般、旧友と会ったとき、今はその何倍もの金額をもらっていると聞き、本当によかったと思っています。

業績賞与は、時の運ではなく、一つの収益パターンをつくり、そこで知恵と工夫を発揮すれば、誰でも獲得できることを示すことです。そして、継続的な発展につながると皆が確信をもてるようになることが、長期発展のためには何よりも重要なのです。その大きな好循環が回り始めたのが、まさにこのときと言えるのです。


いま多くのチェーン企業が、先行きが見えない厳しい状況の中、悩みながら経営を続けていると思います。目標が定まらずに迷走を続けているところもあるでしょう。苦しいとき、ついつい目の前の簡単そうなことに飛びついたり、浮ついた情報に流されそうになることもあるでしょう。

しかし、忘れないでください。傍からどう見られるかではなく、強くたくましい本物の経営を目指して果敢に改革を行えば、必ずその成果はでてくるのだと。

次は社長であるあなたが、周囲を感動させるメッセージを発信する番なのです。

あとがき

私は、西友が破綻状態から再生するまでの7年間、恩師である元西友社長、渡邉紀征氏の秘書をやっていました。再建計画がスタートし、渡邉社長に随行する形で、同業他社やお取引先など数百社を訪問する機会があり、そこで様々なことを考えました。

当時、社は本当にどん底にあり、業績好調企業の社長の言葉は素晴らしく、各社のオフィスを訪問すると、その対応であったりおもてなしぶりには、素晴らしさを感じると共に、一種飲まれてしまいそうな感覚があったほどです。

それでも「何かヒントがあるのではないか…」と、必死に各社について勉強しました。しかし、残念ながら、そこから見つけ出せる答えはありませんでした。

ウォルマートとの提携後、一番変わったのは、「他社研究をしない」ことでした。ひたすら自社と向き合い、自問自答する真逆のやり方です。文字通り必死で考え抜き、どうすれば収益が上がるかを、日々改革実践することが始まりました。

ひたすら、あきらめずに挑戦し続けることが、企業の黒字化には絶対、欠かせないことだと痛感したからですが、「業務改革」とは、いわば、企業における「生き様」と言えるものです。生き様とは、きっかけは誰かからの後押しであっても、見事に築き上げるには、己自身でしかできないのです。

こうした想いは、グループ企業への伝承の中で、必ずや他社にも、そして世に役立つに違いないと考えるに至り、より多くの企業の「後押し」を本格的にするべき、その専門機関設立のために独立をしました。

お陰様で、これまで関わらせて頂いた企業の中で、企業の生き様が変り、業績も大きく変わった企業は数十数えられるようになりました。本書でこうした実例を数多く紹介することも考えたのですが、各社の施策を記してみても、分かることはどうしても部分的となり、最も重要な「一貫したプロセスの理解」が困難と考えました。

このため、最も分かりやすい例として、前職の事例を中心に一貫性を意識し、どう自社を変えていけばいいのか…について書かせていただいた次第です。この本意が、読者の皆さんのご理解促進に少しでも貢献できていれば幸いです。


私は、サラリーマンを卒業し、コンサルティング会社を立ち上げたとき、「そんなことやめておきなさい」と、ほとんどの方に言われたのを押し切ってスタートしました。

当然ですが、自己資金と時間との闘いの中、一人の人間として、そして一商売人として生き抜くすべを、実践の中で学んできました。

自分も実に小さい会社ながら、一人の経営者になったからこそ、想像を超える多くの経営者との出会いに恵まれたのだと思いますし、経営者の方相手だからこそ、ご理解頂けると信じ、惜しみなく私の持てる全てのノウハウを提供させて頂いています。

人生一〇〇年の時代、今まだ折り返し地点を過ぎたばかり、生涯現役のスタートラインにすぎません。

一店一店の店が光り輝き、利益をあげて成長発展を続けることが「個店力最大化」のテーマですが、経営者が少し道に迷ったとき、松明を照らしたり、成功の道を本気で切り開こうとされるとき、間違いのない道への後押しとお供をするのが、わが人生の残りの使命と考えています。

末筆ながら、前職時代、懐の深い兄のように優しく、時には烈火のごとく厳しく、ご指導いただいた恩師、渡邊紀征元会長に、心より感謝申し上げます。ありがとうございます。

平成30年　7月吉日

株式会社レイブンコンサルティング　代表取締役　伊藤　稔

著者　伊藤 稔（いとう みのる）

チェーン企業専門のコンサルタント。人時生産性と店ごとの特徴を活かした独自の利益創造手法「個店力最大化」を編み出した業務改革のスペシャリスト。

倒産寸前だった総合スーパー西友において、赤字体質から黒字体質へと変えていく現場最前線の実力店長として辣腕を振るう。数々の実績を残した後、チェーン全体の統括担当となり人時システムを改良、本格的な業務改革施策を370店全体に行き渡らせることに成功し、同社を世界一の人時生産性を更新し続けるまでに進化させた立役者。

「成長しつづけるチェーンストア経営を育成したい」という強い信念の基、2014年、儲かるチェーン企業の指導機関、株式会社レイブンコンサルティングを設立。現在、同社代表取締役社長。

チェーン企業に特化した本物の実務指導には、「億単位で儲けが変わった」、「標準体で利益がでるようになった」「チェーン経営が努力から科学に進化した」…など、経営者から絶大な評価を得ており、国内はおろか海外企業からも指導依頼が絶えない。1959年東京生まれ、明星大学人文学部心理教育卒。

小社 エベレスト出版について

「一冊の本から、世の中を変える」――当社は、鋭く専門性に富んだビジネス書を、世に発信するために設立されました。当社が発行する書籍は、非常に粗削りかもしれません。熟成度や完成度で言えばまだまだ低いかもしれません。しかし、

・リーダー層に対して「強いメッセージ性」があるもの
・著者の独自性、著者自身が生み出した特徴があること
・世の中を良く変える、考えや発想、アイデアがあること

を基本方針として掲げて、そこにこだわった出版を目指します。

あくまでも、リーダー層、経営者層にとって響く一冊。その一冊から経営が変わるかもしれない一冊。著者とリーダー層の新しい結び付けのきっかけのために、当社は全力で書籍の発行をいたします。

儲かる個店力最大化のすすめ方

定価：本体1、800円（税別）

2018年9月8日　初版印刷
2018年9月13日　初版発行

著　者　伊藤　稔（いとう みのる）

発行人　神野啓子
発行所　株式会社 エベレスト出版
〒101-0052
東京都千代田区神田小川町1-8-3-3F
TEL 03-5771-8285
FAX 03-6869-9575
http://www.ebpc.jp

発　売　株式会社 星雲社
〒112-0005
東京都文京区水道1-3-30
TEL 03-3868-3275

印　刷　株式会社 精興社　　装　丁　MIKAN-DESIGN
製　本　株式会社 精興社　　扉　紙　サテン金藤N

 ISBN 978-4-434-25153-5